目　录  CONTENTS

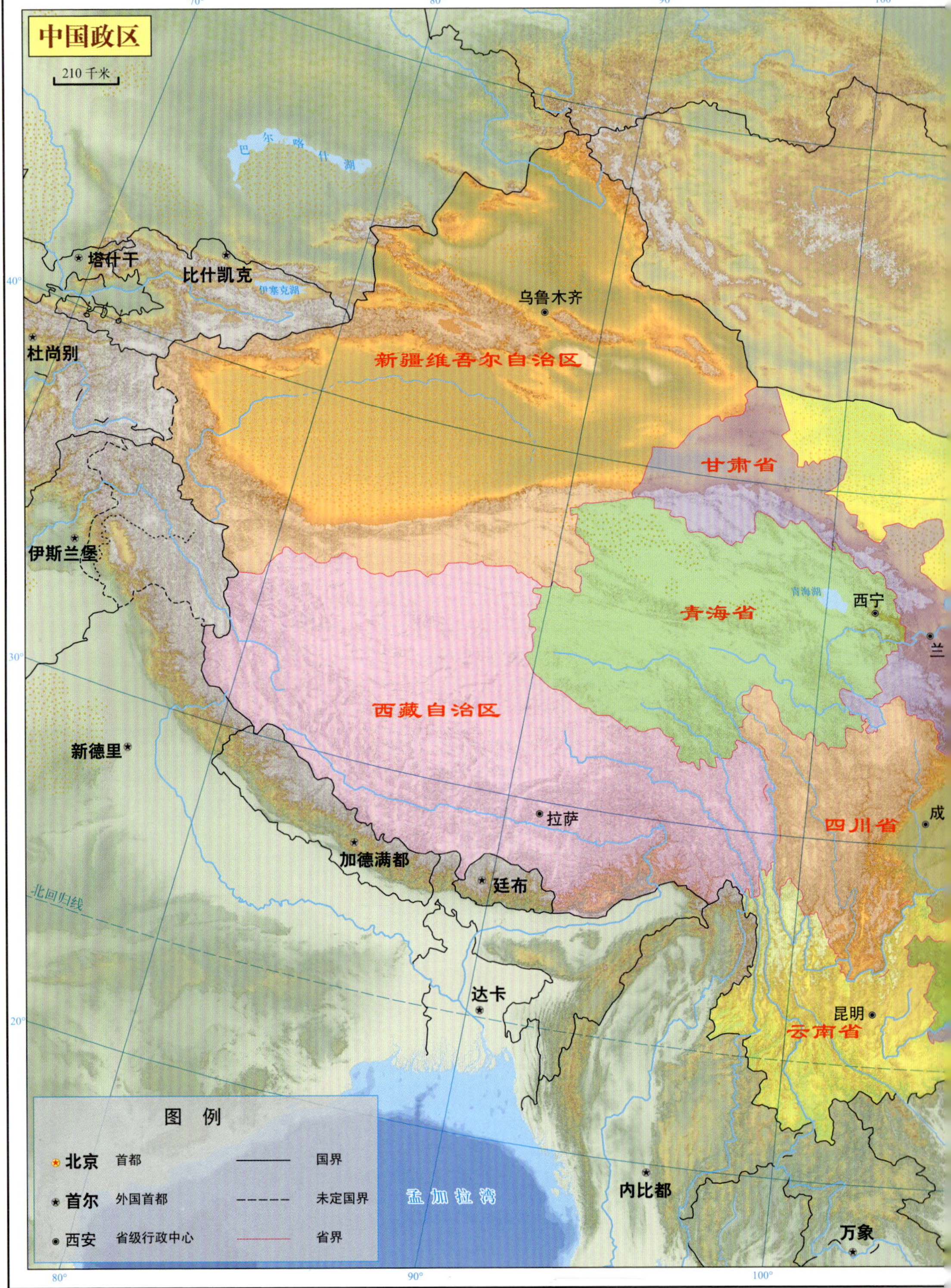

中国政区
210千米
巴尔喀什湖
伊塞克湖
塔什干
比什凯克
乌鲁木齐
新疆维吾尔自治区
甘肃省
杜尚别
青海省
青海湖
西宁
伊斯兰堡
兰
西藏自治区
新德里
拉萨
四川省
成
加德满都
廷布
北回归线
达卡
昆明
云南省
图 例
北京 首都
首尔 外国首都
西安 省级行政中心
国界
未定国界
省界
内比都
孟加拉湾
万象

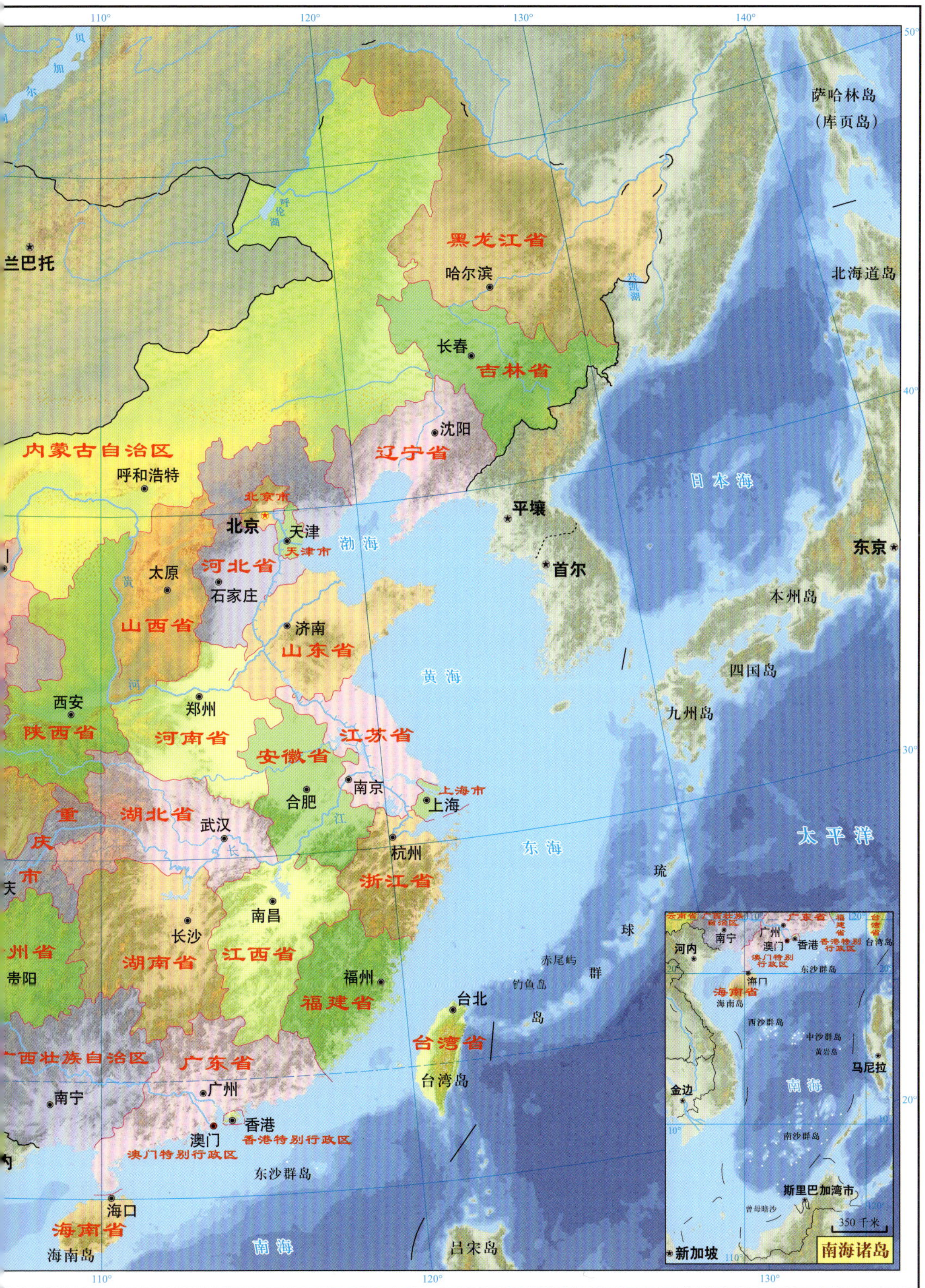

萨哈林岛
（库页岛）
北海道岛
兰巴托
黑龙江省
哈尔滨
长春
吉林省
沈阳
辽宁省
内蒙古自治区
呼和浩特
平壤
北京市
北京
天津
天津市
渤海
首尔
日本海
东京
河北省
太原
石家庄
本州岛
山西省
济南
山东省
四国岛
黄海
西安
郑州
九州岛
陕西省
河南省
江苏省
安徽省
重庆市
湖北省
南京
合肥
上海市
上海
太平洋
武汉
杭州
东海
贵州省
贵阳
长沙
南昌
浙江省
琉
球
群
湖南省
江西省
赤尾屿
福州
竹鱼岛
福建省
台北
台湾省
广西壮族自治区
广东省
台湾岛
南宁
广州
香港
香港特别行政区
澳门
澳门特别行政区
东沙群岛
海口
海南省
海南岛
南海
吕宋岛

越南省
广西壮族
自治区
广东省
福建省
台湾省
河内
南宁
广州
澳门
香港
香港特别行政区
澳门特别行政区
东沙群岛
海南省
海南岛
西沙群岛
中沙群岛
黄岩岛
马尼拉
金边
南海
南沙群岛
斯里巴加湾市
曾母暗沙
350千米
新加坡
南海诸岛

夏朝疆域图
235 千米

咸海
巴尔喀什湖
伊塞克湖

新西伯利亚
阿斯塔纳
杰兹卡兹甘
卡拉干达
科布多
乌里雅苏台
塔城
伊犁
乌鲁木齐
塔什干
撒马尔罕
比什凯克
库车
吐鲁番
哈密
杜尚别
喀什
额济纳
若羌
敦煌
和田
酒泉
喀布尔
白沙瓦
坎大哈
伊斯兰堡
格尔木
青海湖
西
拉合尔
阿里
果洛
玉树
甘
新德里
那曲
昌都
海得拉巴
斋浦尔
日喀则
拉萨
墨脱
迪庆
坎普尔
加德满都
廷布
大理
孟买
那格浦尔
达卡
密支那
加尔各答
曼德勒
西双版纳
吉大港
内比都
清迈
琅勃
孟加拉湾
万

图 例

古
阳城　都城
晋阳　主要城市
夏　政权
獯鬻　部族
夏朝势力范围

今
北京　首都
太原　省级行政中心
洛阳　地级行政中心
若羌　县级行政中心
国界
河流

北回归线

04

鄂霍次克海
尹尔库次克
贝加尔湖
涅尔琴斯克（尼布楚）
乌兰巴托
乔巴山
呼伦贝尔
呼伦湖
漠河
尼古拉耶夫斯克（庙街）
萨哈林岛（库页岛）
共青城
黑河
哈巴罗夫斯克（伯力）
齐齐哈尔
佳木斯
哈尔滨
长春
沈阳
辽阳
朝阳
兴凯湖
延边
符拉迪沃斯托克（海参崴）
北海道岛
达兰扎达嘎德
锡林郭勒
包头
呼和浩特
北京
大同
银川
榆林
武威
獯鬻
晋阳
太原
平阳
夏
西河
帝丘
蕃
亳
原
郑州
斟鄩
老丘
商丘
阳城
洛阳
有易氏
有穷氏
天津
石家庄
济南
徐州
莱夷
渤海
平壤
首尔
庆州
朝鲜半岛
日本海
黄海
本州岛
东京
京都
四国岛
九州岛
兰州
固原
天水
有扈氏
西安
汉中
成都
重庆
昭通
贵阳
怀化
长沙
南昌
九江
九夷
涂山氏
山氏
寿县
英
六
合肥
巢
防风氏
扬州
苏州
上海
南京
武汉
荆州
襄阳
三苗
温州
福州
赣州
韶关
桂林
百色
台北
台湾岛
东海
东沙群岛
广州
香港
澳门
潮州
南宁
河内
海口
海南岛
南海
吕宋岛
太平洋
琉球群岛
赤尾屿
钓鱼岛
杭州
南海诸岛
南宁
河内
中南半岛
金边
广州
香港
澳门
海南岛
南海
西沙群岛
中沙群岛
黄岩岛
南沙群岛
东沙群岛
台湾岛
吕宋岛
马尼拉
曾母暗沙
斯里巴加湾市
新加坡
加里曼丹岛
300千米

商朝疆域图
235 千米
新西伯利亚
阿斯塔纳
杰兹卡兹甘
卡拉干达
咸海
巴尔喀什湖
塔城
科布多
乌里雅苏台
塔什干
比什凯克
伊犁
乌鲁木齐
撒马尔罕
伊塞克湖
库车
吐鲁番
杜尚别
喀什
哈密
额济纳
喀布尔
和田
若羌
敦煌
白沙瓦
酒泉
坎大哈
伊斯兰堡
拉合尔
阿里
格尔木
青海湖
西
新德里
果洛
玉树
海得拉巴
那曲
斋浦尔
昌都
阿
坎普尔
日喀则
拉萨
甘孜
墨脱
加德满都
廷布
迪庆
北回归线
孟买
那格浦尔
密支那
大理
达卡
昆
加尔各答
内比都
曼德勒
西双版纳
吉大港
清迈
琅勃拉
孟加拉湾
万
图 例
古
殷　都城
唐　主要城市（封国）
商　政权
獯鬻　部族
　　商朝势力范围
今
北京　首都
太原　省级行政中心
洛阳　地级行政中心
若羌　县级行政中心
　　国界
　　河流

鄂霍次克海
尼古拉耶夫斯克（庙街）
萨哈林岛（库页岛）
漠河
共青城
黑河
哈巴罗夫斯克（伯力）
肃
伊尔库次克
涅尔琴斯克（尼布楚）
乌兰巴托
乔巴山
呼伦贝尔
齐齐哈尔
佳木斯
北海道岛
达兰扎达嘎德
锡林郭勒
哈尔滨
慎
长春
延边
符拉迪沃斯托克（海参崴）
日本海
鬼方
包头
呼和浩特
朝阳
沈阳
辽阳
北海道岛
北京
孤竹
平壤
本州岛
东京
大同
天津
渤海
首尔
银川
榆林
石家庄
莱夷
庆州
京都
武威
獯鬻
唐
太原
邢
济南
朝鲜半岛
四国岛
兰州
羌方
固原
犬戎
商
殷
相
庇
奄
人方
黄海
天水
周
虞
器
开封
杞
亳
九州岛
氏
丰
西安
洛阳
郑州
楚
淮
徐州
夷
汉中
庸
扬州
襄阳
合肥
南京
苏州
上海
濮
濮
荆州
武汉
东海
琉
蜀
成都
巴
重庆
九江
杭州
越
球
昭通
怀化
长沙
南昌
温州
太平洋
贵阳
桂林
赣州
福州
台北
钓鱼岛
赤尾屿
百色
韶关
潮州
台湾岛
南宁
广州
香港
澳门
海口
东沙群岛
吕宋岛
海南岛
南海
河内

南宁
广州
潮州
台湾岛
河内
澳门
香港
海口
东沙群岛
西沙群岛
中沙群岛
黄岩岛
吕宋岛
马尼拉
中南半岛
金边
南海
南沙群岛
斯里巴加湾市
曾母暗沙
加里曼丹岛
新加坡
南海诸岛
300千米

西周疆域图
235 千米
阿斯塔纳
新西伯利亚
杰兹卡兹甘
卡拉干达
咸海
巴尔喀什湖
科布多
塔城
乌里雅苏台
塔什干
比什凯克
伊犁
撒马尔罕
伊塞克湖
乌鲁木齐
杜尚别
库车
吐鲁番
喀什
哈密
额济纳
和田
若羌
敦煌
酒泉
喀布尔
白沙瓦
坎大哈
伊斯兰堡
格尔木
青海湖
西
拉合尔
阿里
果洛
玉树
新德里
那曲
昌都
海得拉巴
阿
斋浦尔
日喀则
拉萨
甘孜
墨脱
坎普尔
加德满都
廷布
迪庆
北回归线
密支那
大理
孟买
那格浦尔
达卡
昆
加尔各答
曼德勒
吉大港
西双版纳
内比都
图 例
古
镐 都城
晋 主要城市（封国）
西周 政权
獫狁 部族
周朝势力范围
今
北京 首都
太原 省级行政中心
洛阳 地级行政中心
若羌 县级行政中心
国界
河流
孟加拉湾
清迈
琅勃拉
万

鄂霍次克海
尹尔库次克
涅尔琴斯克（尼布楚）
漠河
尼古拉耶夫斯克（庙街）
萨哈林岛（库页岛）
共青城
黑河
肃
哈巴罗夫斯克（伯力）
乌兰巴托
乔巴山
呼伦贝尔
齐齐哈尔
佳木斯
北海道岛
达兰扎达嘎德
锡林郭勒
哈尔滨
长春
慎
延边
符拉迪沃斯托克（海参崴）
日本海
鬼 方
包头
呼和浩特
朝阳
沈阳
辽阳
其子朝鲜
平壤
渤海
本州岛
东京
燕
北京
大同
天津
首尔
银川
榆林
北戎
石家庄
庆州
京都
武威
獯鬻
隗
太原
邢
齐
莱夷
羌
犬戎
固原
晋
西周
济南
朝鲜半岛
四国岛
兰州
姜戎
虞
卫
曹
鲁
天水
宗周
成周
东虢
开封
宋
黄海
九州岛
西虢
镐
郑
杞
徐州
秦
西安
洛阳
郑州
陈
氏
褒
楚
申
蔡
徐
汉中
邓
唐
淮
扬州
蜀
成都
庸
随
夷
南京
吴
巴
襄阳
合肥
苏州
上海
重庆
濮
濮
武汉
杭州
越
荆州
扬
东海
昭通
师札
九江
南昌
琉
太平洋
贵阳
越
长沙
球
赤尾屿
桂林
赣州
福州
钓鱼岛群岛
百色
韶关
台北
河内
潮州
台湾岛
南宁
广州
香港
澳门
海口
东沙群岛
海南岛
南海
吕宋岛
南宁
广州
潮州
台湾岛
河内
海口
东沙群岛
中南半岛
西沙群岛
中沙群岛
黄岩岛
吕宋岛
马尼拉
南海
金边
南沙群岛
斯里巴加湾市
新加坡
曾母暗沙
加里曼丹岛
南海诸岛
300千米

春秋疆域图
235 千米
阿斯塔纳
新西伯利亚
杰兹卡兹甘
卡拉干达
咸海
巴尔喀什湖
科布多
塔城
乌里雅苏台
塔什干
比什凯克
伊犁
撒马尔罕
伊塞克湖
乌鲁木齐
杜尚别
库车
吐鲁番
哈密
喀什
额济纳
喀布尔
和田
若羌
敦煌
白沙瓦
酒泉
坎大哈
张
伊斯兰堡
拉合尔
格尔木
青海湖
西宁
阿里
果洛
新德里
玉树
那曲
昌都
阿
海得拉巴
甘孜
斋浦尔
日喀则
拉萨
墨脱
坎普尔
加德满都
廷布
迪庆
北回归线
密支那
孟买
大理
那格浦尔
昆
达卡
加尔各答
吉大港
曼德勒
西双版纳
内比都
清迈
琅勃拉
孟加拉湾
万
图　例
古
王城　都城
今
北京　首都
申　主要城市(小封国)
太原　省级行政中心
晋　封国(大)
洛阳　地级行政中心
若羌　县级行政中心
肃慎　部族
国界
周朝势力范围
河流

鄂霍次克海
尼古拉耶夫斯克（庙街）
萨哈林岛（库页岛）
共青城
肃
哈巴罗夫斯克（伯力）
北海道岛
伊尔库次克
涅尔琴斯克（尼布楚）
黑河
漠河
乌兰巴托
乔巴山
呼伦贝尔
齐齐哈尔
东
哈尔滨
慎
长春
符拉迪沃斯托克（海参崴）
延边
达兰扎达嘎德
锡林郭勒
胡
沈阳
朝阳
辽阳
日本海
本州岛
东京
平壤
首尔
朝鲜半岛
京都
包头
呼和浩特
山戎
箕子朝鲜
楼烦
代
燕
蓟
北京
大同
中山
天津
渤海
银川
隅
晋阳
鲜虞
太原
石家庄
齐
东莱
四国岛
武威
固原
济南
临淄
兰州
义渠
羌
天水
秦
雍
晋
绛
卫
朝歌
鲁
曲阜
莒
黄海
九州岛
西安
王城
周
郑
新郑
宋
商丘
徐州
洛阳
开封
陈
徐
淮夷
褒
汉中
申
扬州
琉
庸
邓
随
黄
合肥
南京
泓上
吴
上海
球
蜀
成都
襄阳
武汉
苏州
越
杭州
会稽
温州
巴
重庆
郢
荆州
鄂
九江
东海
海
昭通
楚
南昌
赤尾屿
钓鱼岛
百濮
长沙
怀化
太平洋
贵阳
扬
越
赣州
福州
钓鱼岛
桂林
韶关
台北
台湾岛
百色
潮州
南宁
广州
香港
澳门
河内
海口
东沙群岛
海南岛
南海
吕宋岛
南海诸岛
南宁
广州
潮州
台湾岛
河内
澳门
香港
海口
东沙群岛
中
南
半
岛
西沙群岛
中沙群岛
黄岩岛
南海
曾母暗沙
南沙群岛
斯里巴加湾市
金边
吕宋岛
马尼拉
加里曼丹岛
新加坡
300千米

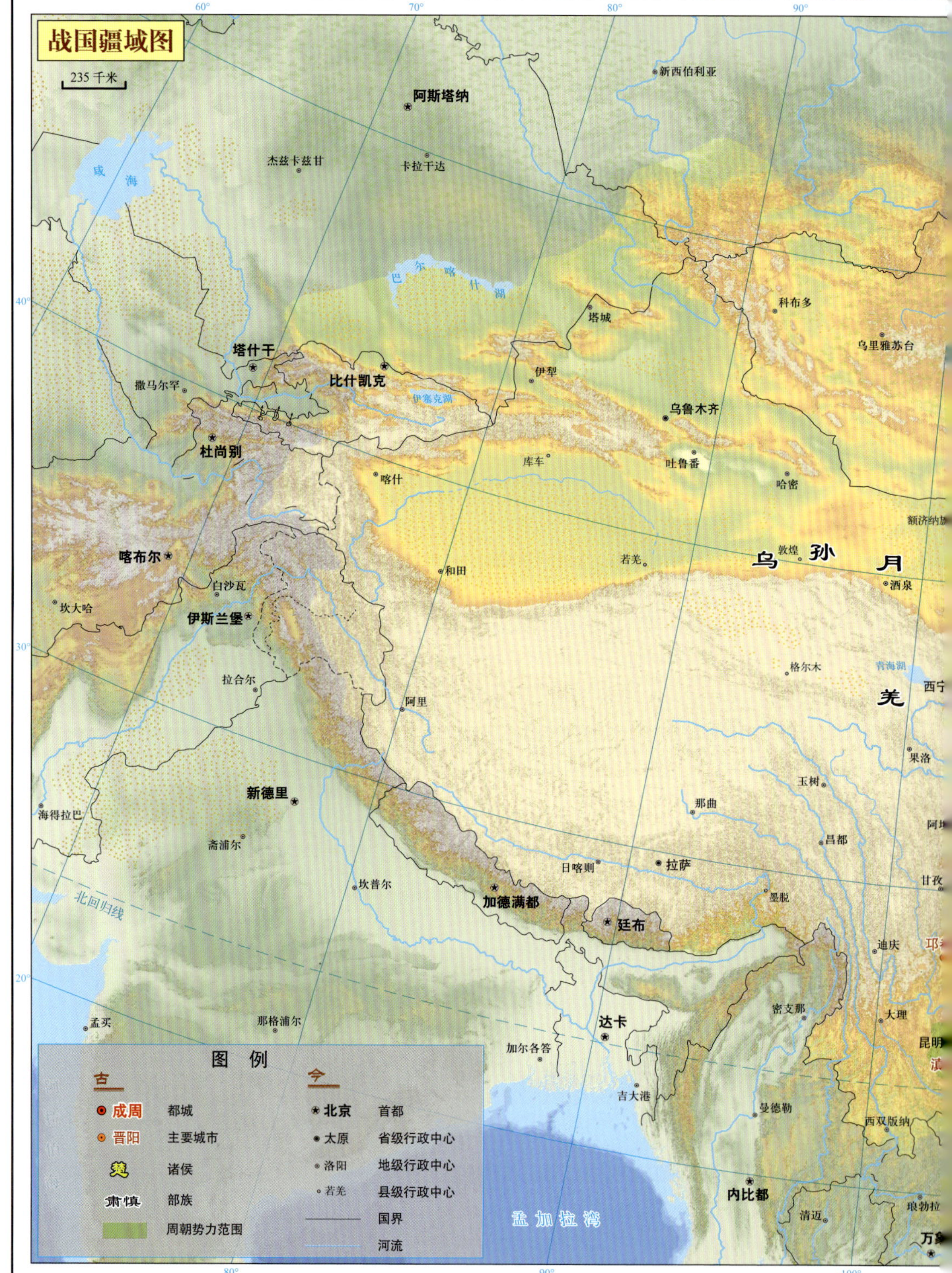
战国疆域图
235 千米

阿斯塔纳

新西伯利亚

杰兹卡兹甘
卡拉干达

咸海

巴尔喀什湖

塔城
科布多

伊犁
乌里雅苏台

塔什干
比什凯克
伊塞克湖
乌鲁木齐

撒马尔罕
库车
吐鲁番

杜尚别
喀什
哈密

额济纳旗

敦煌
乌
孙
月

喀布尔
和田
若羌
酒泉

白沙瓦
坎大哈

伊斯兰堡
格尔木
青海湖
西宁

羌

拉合尔
阿里
果洛

玉树
阿坝

新德里
那曲
昌都

海得拉巴
斋浦尔
阿坝

日喀则
拉萨
甘孜

坎普尔
墨脱

加德满都
廷布
迪庆
邛

北回归线
密支那
大理

孟买
那格浦尔
昆明
江

达卡
曼德勒
西双版纳

加尔各答

吉大港

图 例

古
今

成周 都城
北京 首都

晋阳 主要城市
太原 省级行政中心

楚 诸侯
洛阳 地级行政中心

肃慎 部族
若羌 县级行政中心

周朝势力范围
国界

河流

内比都
清迈
琅勃拉

孟加拉湾
万

110° 120° 130° 140° 150°
50°
40°
30°
20°
10°
伊尔库次克
贝加尔湖
涅尔琴斯克（尼布楚）
尼古拉耶夫斯克（庙街）
萨哈林岛（库页岛）
鄂霍次克海
乌兰巴托
乔巴山
呼伦贝尔
呼伦湖
漠河
齐齐哈尔
哈尔滨
长春
黑河
共青城
哈巴罗夫斯克（伯力）
肃
慎
东
北海道岛
达兰扎达嘎德
匈
奴
锡林郭勒
东
胡
山戎
朝阳
沈阳
辽阳
延边
符拉迪沃斯托克（海参崴）
日本海
包头
呼和浩特
楼
林胡
烦
大同
代
燕
蓟
北京
银川
榆林
中山
顾
天津
渤海
渤海
其子朝鲜
平壤
首尔
本州岛
东京
武威
固原
赵
晋阳
太原
石家庄
济南
齐
临淄
东莱
朝鲜半岛
京都
兰州
义渠
韩
平阳
邯郸
鲁
曲阜
越
琅邪
黄海
四国岛
秦
雍
咸阳
魏
安邑
周
成周
郑州
大梁
开封
郑
宋
睢阳
徐州
东
九州岛
天水
西安
商
洛阳
陈
巨阳
扬州
成都
成都
汉中
襄阳
武汉
荆州
郢
楚
合肥
寿春
宛
南京
苏州
吴
上海
东海
琉
太平洋
巴
巴
重庆
百
濮
怀化
九江
南昌
长沙
杭州
会稽
球
昭通
贵阳
且兰
赣州
韶关
东瓯越
温州
海
赤尾屿
钓鱼岛
群
岛
夜郎
桂林
南越
闽越
福州
台北
西瓯越
百色
越
潮州
台湾岛
越
南宁
广州
香港
骆
河内
澳门
海口
东沙群岛
海南岛
南海
吕宋岛
13

南宁
越
南
广州
越
潮州
骆
河内
香港
澳门
台湾岛
海口
海南岛
西沙群岛
东沙群岛
中
南
半
岛
金边
中沙群岛
黄岩岛
南海
南沙群岛
吕宋岛
马尼拉
斯里巴加湾市
曾母暗沙
新加坡
加里曼丹岛
300千米
南海诸岛

秦朝疆域图
235 千米
阿斯塔纳
新西伯利亚
杰兹卡兹甘
卡拉干达
冞
昆
呼
揭
科布多
乌里雅苏台
塔城
咸海
塔什干
撒马尔罕
比什凯克
伊犁
伊塞克湖
乌鲁木齐
塞
杜尚别
喀什
城
库车
郭
诸
吐鲁番
国
哈密
城
郭
额济纳旗
喀布尔
白沙瓦
诸
和田
若羌
敦煌
乌
孙
月
坎大哈
国
酒泉
伊斯兰堡
羌
拉合尔
格尔木
青海湖
西宁
阿里
羌
新德里
斋浦尔
玉树
果洛
那曲
昌都
羌
北回归线
坎普尔
日喀则
拉萨
墨脱
加德满都
廷布
迪庆
孟买
那格浦尔
达卡
密支那
大理
昆明
昆
加尔各答
吉大港
曼德勒
西双版纳
图 例
古
今
咸阳 都城
北京 首都
蜀郡 主要城市
太原 省级行政中心
秦 肃慎 政权、部族
洛阳 地级行政中心
河流
若羌 县级行政中心
政权部族界
国界
河流
内比都
清迈
琅勃拉
孟加拉湾

丁 灵
匈 奴
东 胡
扶 余
肃 慎
高句丽
箕子朝鲜
秦
流沙
毛
鄂霍次克海
萨哈林岛（库页岛）
北海道岛
本州岛
四国岛
九州岛
东京
京都
日本海
黄海
渤海
东海
太平洋
朝鲜半岛
琉球群岛
尼古拉耶夫斯克（庙街）
共青城
哈巴罗夫斯克（伯力）
黑河
漠河
齐齐哈尔
哈尔滨
佳木斯
长春
延边
符拉迪沃斯托克（海参崴）
沈阳
辽阳
平壤
首尔
伊尔库次克
涅尔琴斯克（尼布楚）
乔巴山
呼伦贝尔
呼伦湖
乌兰巴托
锡林郭勒
达兰扎嘎德
包头
呼和浩特
云中郡
雁门郡
大同
广阳郡
北京
蓟州
右北平郡
辽西郡
朝阳
辽东郡
天津
恒山郡
石家庄
勃海
临淄郡
济南
胶东郡
琅邪郡
榆林
上郡
太原郡
太原
邯郸郡
上党郡
东郡
薛郡
东海郡
银川
固原
北地郡
河东郡
洛阳
郑州
砀郡
徐州
陈郡
九江郡
扬州
武威
兰州
天水
陇西郡
咸阳
西安
汉中郡
汉中
秦
南阳郡
襄阳
南郡
荆州
武汉
衡山郡
合肥
寿县
南京
苏州
会稽郡
上海
杭州
蜀郡
成都
巴郡
重庆
黔中郡
怀化
长沙郡
长沙
南昌
九江
庐江郡
昭通
贵阳
夜郎
桂林
韶关
赣州
潮州
温州
闽中郡
福州
台北
台湾岛
桂林郡
贵港
南海郡
广州
象郡
南宁
崇左
澳门
香港
海口
东沙群岛
海南岛
南海
吕宋岛

南海诸岛
秦
南郡
桂林郡
象郡
南海郡
南宁
广州
儋州
河内
海口
海南岛
澳门
香港
台湾岛
东沙群岛
中南半岛
金边
西沙群岛
中沙群岛
黄岩岛
南沙群岛
南海
吕宋岛
马尼拉
曾母暗沙
斯里巴加湾市
加里曼丹岛
新加坡
赤尾屿
钓鱼岛
300千米

西汉疆域图
235 千米
阿斯塔纳
伊
列
坚
昆
新西伯利亚
杰兹卡兹甘
卡拉干达
呼
揭
科布多
乌里雅苏台
康
咸海
居
乌
孙
卑阗城
塔什干
比什凯克
伊犁
匈
撒马尔罕
大宛
贵山城
赤谷城
兑虚谷
乌鲁木齐
大月氏
杜尚别
疏勒
姑墨
龟兹
乌垒
吐鲁番
高昌
蓝氏城
喀什
库车
轮台
哈密
凉
西域都护府
喀布尔
莎车
楼兰
额济纳旗
白沙瓦
于阗
和田
精绝
且末
扞泥
敦煌郡
坎大哈
若羌
敦煌
酒泉郡
伊斯兰堡
循鲜
酒泉
张掖郡
拉合尔
格尔木
青海湖
先
零
羌
阿里
果洛
新德里
那曲
玉树
海得拉巴
斋浦尔
唐旄
昌都
阿坝
身
坎普尔
加德满都
日喀则
拉萨
发羌
甘孜
廷布
墨脱
迪庆
毒
哀
越巂
密支那
大理
孟买
那格浦尔
达卡
牢
昆明
滇
加尔各答
西双版纳
吉大港
曼德勒
内比都
琅勃拉
清迈
孟加拉湾
万象
图例
古
今
长安   都城
北京   首都
蜀郡   主要城市及州驻地
太原   省级行政中心
西汉 肃慎 政权、部族
洛阳   地级行政中心
河流
若羌   县级行政中心
政权部族界
国界
州界
河流
北回归线

丁　令
贝加尔湖
伊尔库次克
涅尔琴斯克（尼布楚）
漠河
共青城
尼古拉耶夫斯克（庙街）
萨哈林岛（库页岛）
鄂霍次克海
单于庭
乌兰巴托
奴
乔巴山
呼伦贝尔
呼伦湖
黑河
哈巴罗夫斯克（伯力）
肃
鲜卑
扶余
慎
齐齐哈尔
哈尔滨
长春
佳木斯
兴凯湖
北海道岛
达兰扎达嘎德
锡林郭勒
乌桓
延边
符拉迪沃斯托克（海参崴）
沈阳
高句丽
辽东郡
辽阳
朝阳
右北平郡
幽州
日本海
乐浪郡
平壤
本州岛
东京
包头
呼和浩特
朔方郡
雁门郡
大同
广阳国
北京
天津
渤海
勃海
首尔
马韩
辰韩
弁韩
银川
朔州
并州
冀州
太原郡
太原
石家庄
勃海郡
广县
青州
武威郡
武威
宁
榆林
上郡
上党郡
信都郡
济南
京都
兰州
固原
北地郡
司州
河东郡
郑州
兖州
东郡
薛县
琅玡郡
徐州
东海郡
黄海
四国岛
天水郡
天水
长安
西安
隶州
雒阳
洛阳
颍川郡
豫州
陈留郡
谯县
楚国
倭
九州岛
汉中
汉中郡
安康
南阳郡
襄阳
九江郡
合肥
南京
广陵国
扬州
上海
东
西汉
雒县
益州
巴郡
重庆
江夏郡
南郡
荆州
武汉
九江
索县
长沙国
长沙
豫章郡
南昌
扬州
会稽郡
杭州
温州
东海
琉球
太平洋
昭通
牂牁郡
贵阳
夜郎
州
伊宁
零陵郡
桂阳郡
韶关
福州
赤尾屿
钓鱼岛
群
桂林
百色
苍梧郡
南海郡
广州
交趾
台北
台湾岛
交趾郡
河内
南宁
澳门
香港
海口
东沙群岛
海南岛
南海
南海
吕宋岛
南海诸岛
西汉
益州
交趾
南宁
苍梧郡
广州
澳门
香港
潮州
台湾岛
河内
海南郡
海南岛
东沙群岛
西沙群岛
中沙群岛
黄岩岛
南海
南沙群岛
中南半岛
金边
斯里巴加湾市
曾母暗沙
加里曼丹岛
新加坡
东沙群岛
吕宋岛
马尼拉
300千米

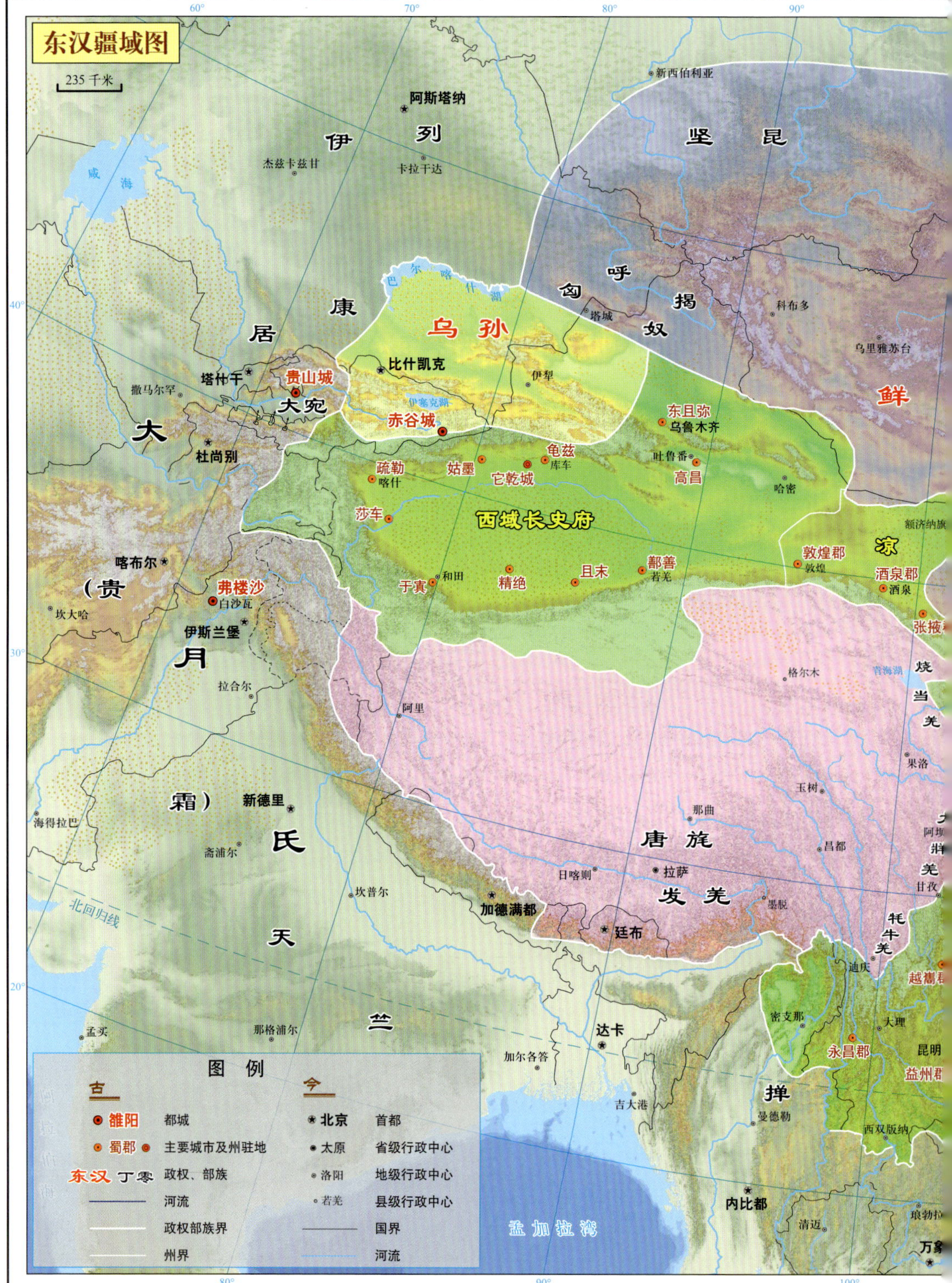

东汉疆域图
235 千米
新西伯利亚
阿斯塔纳
伊 列
坚 昆
杰兹卡兹甘
卡拉干达
巴尔喀什湖
匈 呼 揭
奴
科布多
乌里雅苏台
康
居
乌 孙
鲜
撒马尔罕
塔什干
贵山城
比什凯克
伊犁
大宛
伊塞克湖
东且弥
乌鲁木齐
杜尚别
赤谷城
疏勒
喀什
姑墨
它乾城
龟兹
库车
吐鲁番
高昌
哈密
额济纳旗
凉
大
莎车
西域长史府
敦煌郡
敦煌
酒泉郡
酒泉
喀布尔
（贵
于寘
和田
精绝
且末
鄯善
若羌
张掖
坎大哈
弗楼沙
白沙瓦
伊斯兰堡
月
阿里
格尔木
青海湖
烧
当
羌
拉合尔
果洛
霜）
新德里
氏
玉树
海得拉巴
斋浦尔
日喀则
拉萨
那曲
唐 旄
昌都
阿坝
羌
甘孜
北回归线
坎普尔
加德满都
发 羌
墨脱
牦
牛
羌
天
廷布
迪庆
越嶲郡
孟买
那格浦尔
兰
达卡
密支那
大理
昆明
加尔各答
永昌郡
益州郡
掸
曼德勒
吉大港
内比都
清迈
西双版纳
孟加拉湾
琅勃拉
万象
图 例
古
今
雒阳 都城
北京 首都
蜀郡 主要城市及州驻地
太原 省级行政中心
东汉 丁零 政权、部族
洛阳 地级行政中心
若羌 县级行政中心
河流
政权部族界
国界
州界
河流

110° 120° 130° 140° 150°
50° 40° 30° 20°
鄂霍次克海
丁 零
伊尔库次克
贝加尔湖
涅尔琴斯克（尼布楚）
漠河
黑河
尼古拉耶夫斯克（庙街）
共青城
萨哈林岛（库页岛）
挹 娄
扶 余
乌兰巴托
卑
乔巴山
呼伦贝尔
齐齐哈尔
佳木斯
哈巴罗夫斯克（伯力）
哈尔滨
长春
延边
符拉迪沃斯托克（海参崴）
北海道岛
达兰扎达嘎德
锡林郭勒
沈阳
朝阳
高句丽
辽东郡
辽阳
国内城
日本海
五原郡
包头
呼和浩特
代郡
大同
广阳郡
北京
天津
幽 州
乐浪郡
平壤
本州岛
东京
并 州
冀 州
中山国
石家庄
渤海
勃海郡
齐国
青 州
首尔
马韩
辰韩
弁韩
武威郡
武威
银川
北地郡
榆林
上郡
太原郡
太原
高邑
魏郡
济南
兖 州
徐 州
京都
四国岛
宁
兰州
固原
安定郡
陇县
司 州
上党郡
山阳郡
东海郡
黄海
倭
九州岛
汉阳郡
天水
长安
西安
河东郡
郑州
雒阳
洛阳
谯县
彭城国
豫 州
徐 州
马关
汉中郡
汉中
豫 州
汝南郡
合肥
历阳
南京
广陵郡
扬州
东
广汉郡
南阳郡
襄阳
荆 州
江夏郡
南郡
荆州
武汉
庐江郡
扬 州
吴郡
上海
杭州
会稽郡
太平洋
琉球群岛
益 州
巴郡
重庆
汉寿
九江
豫章郡
南昌
州
温州
东海
赤尾屿
钓鱼岛
昭通
牂牁郡
贵阳
夜郎
州
长沙郡
长沙
怀化
东 汉
福州
台北
夷洲
零陵郡
桂阳郡
桂林
赣州
韶关
潮州
台湾岛
苍梧郡
南海郡
广州
交 州
南宁
香港
澳门
海口
东沙群岛
交趾郡
河内
朱崖洲
海南岛
南 海（涨海）海
吕宋岛
新加坡
交 州
益州
南宁
苍梧郡
交趾郡
河内
南海郡
广州
潮州
香港
澳门
东沙群岛
夷洲
台湾岛
朱崖洲
海南岛
日南郡
林邑
扶南
金边
西沙群岛
中沙群岛
黄岩岛
南 海（涨海）海
南沙群岛
吕宋岛
马尼拉
斯里巴加湾市
曾母暗沙
加里曼丹岛
新加坡
300千米
南海诸岛

三国疆域图（262年）
235千米

阿斯塔纳
杰兹卡兹甘
卡拉干达
新西伯利亚
伊
列
坚
昆
咸海
康
居
巴尔喀什湖
乌孙
匈
呼
得
奴
鲜
科布多
乌里雅苏台
塔什干
撒马尔罕
大宛
比什凯克
伊犁
伊塞克湖
赤谷
塔城
大
杜尚别
疏勒
喀什
姑墨
龟兹
库车
东且弥
乌鲁木齐
吐鲁番
高昌
哈密
额济纳旗
西海
凉
莎车
西域长史府
海头
敦煌郡
敦煌
酒泉郡
酒泉
喀布尔
（贵
坎大哈
弗楼沙
白沙瓦
伊斯兰堡
月
于阗
和田
精绝
且志
若羌
鄯善
张掖
拉合尔
葱茈羌
阿里
象
雄
格尔木
青海湖
西
霜）
新德里
氐
海得拉巴
斋浦尔
玉树
果洛
那曲
昌都
阿坝
甘孜
坎普尔
日喀则
拉萨
墨脱
发羌
北回归线
天
加德满都
廷布
盘越国
迪庆
越巂
孟买
那格浦尔
兰
达卡
密支那
大理
昆明
加尔各答
永昌郡
吉大港
曼德勒
西双版纳
骠
内比都
清迈
琅勃拉
孟加拉湾
万

图 例
古
今
洛阳　都城
北京　首都
襄阳郡　主要城市及州驻地
太原　省级行政中心
蜀汉　丁令　政权、部族
洛阳　地级行政中心
河流
若羌　县级行政中心
政权部族界
国界
州界
河流

丁　令
伊尔库次克
涅尔琴斯克（尼布楚）
漠河
黑河
挹娄
扶余
哈巴罗夫斯克（伯力）
齐齐哈尔
佳木斯
萨哈林岛（库页岛）
鄂霍次克海
尼古拉耶夫斯克（庙街）
共青城
乌兰巴托
卑
乔巴山
呼伦贝尔
哈尔滨
北海道岛
达兰扎达嘎德
锡林郭勒
长春
延边
符拉迪沃斯托克（海参崴）
高句丽
日本海
拓　跋　鲜　卑
羌
呼和浩特
朝阳
沈阳
辽东郡
辽阳
丸都
乐浪郡
平壤
本州岛
东京
朔方郡
云中郡
代郡
燕国
北京
幽州
武威郡
武威
包头
大同
冀州
渤海
首尔
京都
银川
榆林
胡
上郡
并州
太原郡
太原
常山郡
石家庄
天津
渤海郡
齐国
青州
辰韩
马韩
弁韩
北地郡
司州
上党郡
安平郡
济南
兖州
廪丘
黄海
四国岛
兰州
固原
安定郡
河东郡
洛阳
郑州
豫州
徐州
下邳郡
倭
九州岛
天水郡
雍州
长安
西安
颍川郡
安城
广陵郡
阴平郡
汉中郡
上庸郡
荆州
新野
襄阳郡
寿春
合肥
扬州
建业
南京
东
巴西郡
成都
成都
巴东郡
南郡
荆州
武汉
江夏郡
庐江郡
吴郡
上海
杭州
会稽郡
太平洋
琉
益州
蜀汉
巴郡
重庆
荆州
武陵郡
豫章郡
南昌
九江
扬州
建安郡
温州
海
球
昭通
牂牁郡
贵阳
长沙郡
长沙
吴州
庐陵郡
赣州
福州
赤尾屿
钓鱼岛
群
建宁郡
怀化
零陵郡
桂林
桂阳郡
韶关
潮州
夷洲
台北
岛
兴古郡
百色
南海郡
广州
澳门
香港
潮州
夷洲
台湾岛
交
苍梧郡
南宁
州
交趾郡
河内
海口
东沙群岛
南海
南（涨海）海
海南岛
朱崖洲
吕宋岛
蜀汉
交
吴
南宁
苍梧郡
南海郡
广州
潮州
澳门
香港
海口
东沙群岛
朱崖洲
海南岛
日南郡
西沙群岛
林邑
扶南
金边
中沙群岛
黄岩岛
夷洲
台湾岛
吕宋岛
马尼拉
南海（涨海）
南沙群岛
斯里巴加湾市
新加坡
曾母暗沙
加里曼丹岛
南海诸岛
300千米

西晋疆域图(281年)
235千米
阿斯塔纳
新西伯利亚
伊
列
坚
昆
杰兹卡兹甘
卡拉干达
巴尔喀什湖
匈
呼
得
康
乌孙
奴
科布多
居
塔城
乌里雅苏台
撒马尔罕
塔什干
比什凯克
伊犁
鲜
大宛
伊塞克湖
赤谷
乌鲁木齐
大
杜尚别
姑墨
龟兹
吐鲁番
库车
高昌
疏勒
喀什
哈密
西域长史府
喀布尔
莎车
海头
凉
西海
(贵
弗楼沙
敦煌郡
白沙瓦
于阗
和田
精绝
且末
鄯善
敦煌
酒泉郡
坎大哈
若羌
酒泉
伊斯兰堡
张掖郡
月
拉合尔
葱茈羌
格尔木
青海湖
阿里
象
果洛
霜)
雄
玉树
海得拉巴
新德里
那曲
昌都
斋浦尔
氏
阿坝
坎普尔
日喀则
拉萨
发羌
甘孜
北回归线
加德满都
墨脱
迪庆
天
廷布
越嶲
孟买
那格浦尔
兰
达卡
密支那
大理
昆明
永昌郡
宁
滇池
加尔各答
西双版纳
吉大港
曼德勒
骠
内比都
琅勃拉邦
清迈
孟加拉湾
万象
图 例
古
今
洛阳 都城
北京 首都
襄阳郡 主要城市及州驻地
太原 省级行政中心
西晋 丁令 政权、部族
洛阳 地级行政中心
河流
若羌 县级行政中心
政权部族界
国界
州界
河流

鄂霍次克海
伊尔库次克
丁
令
贝加尔湖
涅尔琴斯克
（尼布楚）
漠河
尼古拉耶夫斯克
（庙街）
萨哈林岛
（库页岛）
共青城
黑河
挹
乌兰巴托
卑
乔巴山
呼伦贝尔
呼伦湖
齐齐哈尔
佳木斯
扶
哈巴罗夫斯克
（伯力）
哈尔滨
北海道岛
余
娄
达兰扎达嘎德
锡林郭勒
长春
延边
符拉迪沃斯托克
（海参崴）
高
句
日本海
拓
跋
鲜
卑
沈阳
丸都
丽
本州岛
东京
包头
呼和浩特
朝阳
辽东国
辽阳
平
羌
大同
幽
燕国
州
冀
乐浪郡
州
京都
武威郡
银川
榆林
胡
范阳国
北京
天津
勃海
平壤
武威
并
常山郡
州
安平郡
齐国
东莱郡
首尔
四国岛
平郡
太原国
太原
石家庄
魏郡
兖
青
辰韩
马韩
弁韩
本州岛
州
兰州
安定郡
上党郡
州
州
廪丘
济南
州
倭
九州岛
秦
雍
河东郡
郑州
徐
黄海
天水郡
长安
洛阳
司
彭城国
豫
东
阴平郡
天水
西安
洛阳
颍川郡
陈县
广陵郡
州
汉中郡
上庸郡
南阳郡
汝南国
淮南郡
建邺
南京
梁
巴西郡
巴东郡
荆
襄阳郡
州
合肥
扬
吴郡
上海
州
南郡
荆州
武昌郡
武汉
州
杭州
会稽郡
东海
琉
太平洋
益
巴郡
重庆
武陵郡
豫章郡
鄱阳郡
临海郡
温州
球
西
晋
长沙郡
南昌
州
昭通
牂牁郡
怀化
长沙
州
建安郡
赤尾屿
贵阳
零陵郡
桂阳郡
福州
钓鱼岛
州
建宁郡
桂林郡
赣州
韶关
夷
台北
兴古郡
桂林
广
州
南海郡
潮州
州
百色
南宁
广州
洲
夷洲
交
香港
台湾岛
交趾郡
澳门
海口
东沙群岛
河内
朱崖洲
海南岛
南海
（涨海）海
吕宋岛
宁州
南宁
交
州
广
州
西晋
南海郡
广州
潮州
澳门
香港
海口
夷洲
台湾岛
钓鱼岛
东沙群岛
朱崖洲
海南岛
日南郡
西沙群岛
中沙群岛
黄岩岛
南海
（涨海）海
扶南国
金边
林邑
南沙群岛
吕宋岛
马尼拉
斯里巴加湾市
曾母暗沙
加里曼丹岛
新加坡
300千米
南海诸岛

东晋十六国疆域图(382年)
235千米
阿斯塔纳
新西伯利亚
契骨
杰兹卡兹甘
卡拉干达
乌里雅苏台
科布多
高
匈
奴
巴尔喀什湖
乌孙
塔城
伊犁
乌鲁木齐
粟弋
撒马尔罕
塔什干
大宛
比什凯克
伊塞克湖
赤谷城
姑墨
龟兹
库车
吐鲁番
高昌郡
哈密
杜尚别
疏勒
喀什
额济纳旗
西海
莎车
敦煌郡
酒泉郡
喀布尔
白沙瓦
于阗
和田
精绝
且末
鄯善
若羌
敦煌
酒泉
张掖
坎大哈
伊斯兰堡
女
国
象
雄
阿里
格尔木
青海湖
吐
谷
拉合尔
果洛
孙
波
新德里
那曲
玉树
昌都
阿坝
斋浦尔
海得拉巴
甘孜
北回归线
坎普尔
日喀则
拉萨
匹播城
墨脱
天
加德满都
廷布
迪庆
越巂
巴连弗邑
孟买
那格浦尔
达卡
密支那
大理
兰
加尔各答
云南郡
昆明
吉大港
永昌郡
曼德勒
西双版纳
内比都
清迈
琅勃拉
孟加拉湾
万象

图例
古
长安 都城
襄阳郡 主要城市
东晋 鲜卑 政权、部族
河流
政权部族界
今
北京 首都
太原 省级行政中心
洛阳 地级行政中心
若羌 县级行政中心
国界
河流
咸海

鄂霍次克海
萨哈林岛（库页岛）
尼古拉耶夫斯克（庙街）
共青城
哈巴罗夫斯克（伯力）
北海道岛
伊尔库次克
贝加尔湖
涅尔琴斯克（尼布楚）
漠河
黑河
车
乔巴山
呼伦贝尔湖
齐齐哈尔
佳木斯
扶
挹
娄
乌兰巴托
柔然
达兰扎达嘎德
锡林郭勒
契丹
哈尔滨
余
兴凯湖
符拉迪沃斯托克（海参崴）
日本海
长春
高
延边
沈阳
句
鲜卑
昌黎郡
朝阳
辽东郡
辽阳
丸都
丽
呼和浩特
包头
燕郡
平壤
本州岛
东京
朔方郡
平城
大同
范阳郡
北京
渤海
北汉山
首尔
武威郡
武威
银川
榆林
上郡
太原郡
太原
常山郡
石家庄
天津
渤海郡
齐郡
济南
东牟郡
辰韩
马韩
金城
加罗
任那
倭
宁
兰州
固原
安定郡
前秦
上党郡
魏郡
鲁郡
东莞郡
黄海
京都
四国岛
浑
天水郡
天水
长安
西安
河东郡
洛阳
洛阳
郑州
颍川郡
下邳郡
阴平郡
汉中郡
南阳郡
汝南郡
淮南郡
合肥
南京
建康
广陵郡
东
九州岛
上庸郡
襄阳郡
江夏郡
武昌郡
武汉
吴郡
上海
海
巴西郡
巴东郡
南郡
寻阳郡
杭州
会稽郡
东海
琉
蜀郡
成都
巴郡
重庆
武陵郡
长沙郡
长沙
豫章郡
南昌
永嘉郡
温州
球
太平洋
昭通
牂柯郡
忔化
东晋
庐陵郡
晋安郡
福州
群
赤尼屿
贵阳
夜郎郡
零陵郡
桂阳郡
赣州
钓鱼岛
岛
建宁郡
桂林郡
桂林
韶关
台北
夷
兴古郡
百色
苍梧郡
潮州
洲
晋兴郡
南宁
南海郡
广州
台湾岛
交趾郡
河内
香港
澳门
海口
东沙群岛
朱崖洲
海南岛
南海（涨海）海
吕宋岛
东晋
晋兴郡
南宁
苍梧郡
广州
潮州
夷洲
台湾岛
交趾郡
海门
东沙群岛
扶南
金边
林邑
朱崖洲
日南郡
海南岛
西沙群岛
中沙群岛
黄岩岛
南海（涨海）海
吕宋岛
马尼拉
南沙群岛
斯里巴加湾市
曾母暗沙
加里曼丹岛
新加坡
300千米
南海诸岛

南北朝：宋、魏疆域图(449年)
235千米
阿斯塔纳
新西伯利亚
杰兹卡兹甘
卡拉干达
契 骨
科布多
乌里雅苏台
高
塔城
巴 尔 喀 什 湖
悦 般
柔
塔什干
比什凯克
伊犁
撒马尔罕
乌
赤谷城
乌鲁木齐
伊塞克湖
杜尚别
孙
延城
库车
吐鲁番
高昌
疏勒
喀什
焉耆镇
哈密
额济纳旗
喀布尔
白沙瓦
于阗
和田
西戎校尉府
若羌
敦煌镇
敦煌
酒泉
坎大哈
且末
吐
伊斯兰堡
女
格尔木
青海湖
浑
拉合尔
国
阿里
谷
吐谷浑城
象
白兰羌
玉树
果洛
新德里
雄
党项羌
海得拉巴
那曲
昌都
阿坝
斋浦尔
日喀则
拉萨
甘孜
坎普尔
匹播城
墨脱
天
加德满都
迪庆
廷布
越嶲
孟买
那格浦尔
达卡
密支那
大理
云南郡
昆明
竺
加尔各答
骠
曼德勒
吉大港
西双版纳
国
内比都
琅勃拉
清迈
万象
孟加拉湾

图 例
古
今
建康 都城
北京 首都
襄阳郡 主要城市
太原 省级行政中心
宋 敕勒 政权、部族
洛阳 地区行政中心
河流
若羌 县级行政中心
政权部族界
国界
河流
北回归线

鄂霍次克海
柔然（勒）车
柔然
乌兰巴托
伊尔库次克
贝加尔湖
涅尔琴斯克（尼布楚）
漠河
失豆勿
乌洛侯
韦
莫娄
吉
齐齐哈尔
哈尔滨
黑河
尼古拉耶夫斯克（庙街）
共青城
哈巴罗夫斯克（伯力）
佳木斯
萨哈林岛（库页岛）
北海道岛
乔巴山
呼伦湖
呼伦贝尔
地豆于
契丹
库莫奚
长春
延边
兴凯湖
符拉迪沃斯托克（海参崴）
日本海
达兰扎达嘎德
锡林郭勒
昌黎郡
朝阳
沈阳
辽阳
高句丽
平壤
平壤
汉城
首尔
新罗
百济
金城
沃野镇
怀朔镇
柔玄镇
怀荒镇
御夷镇
包头
呼和浩特
平城
大同
燕郡
北京
北平郡
渤海
本州岛
东京
凉州镇
武威
银川
榆林
朔方郡
太原郡
太原
常山郡
石家庄
天津
渤海
勃海郡
魏郡
济南郡
济南
东莱郡
高密郡
倭
京都
薄骨律镇
高平镇
离石镇
上党郡
安定郡
河东郡
东郡
郑州
琅邪郡
黄海
四国岛
兰州
枹罕镇
天水郡
长安
西安
洛阳
洛阳
颍川郡
彭城郡
九州岛
武都镇
汉中郡
上庸郡
南阳郡
汝南郡
建康
南京
广陵郡
东
北巴西郡
巴东郡
襄阳郡
合肥
庐江郡
吴郡
上海
蜀郡
成都
江夏郡
武昌郡
武汉
荆州
南郡
会稽郡
杭州
东海
琉
巴郡
重庆
寻阳郡
豫章郡
南昌
永嘉郡
温州
海
太平洋
武陵郡
怀化
长沙郡
长沙
建安郡
球
昭通
牂牁郡
贵阳
夜郎郡
庐陵郡
桂阳郡
晋安郡
福州
亦尾屿
钓鱼岛
建宁郡
零陵郡
赣州
韶关
台北
夷洲
百色
桂林
宋
苍梧郡
潮州
晋兴郡
南宁
桂林郡
南海郡
广州
澳门
香港
台湾岛
交趾郡
河内
海口
东沙群岛
朱崖洲
海南岛
南海（涨海）海
吕宋岛

晋兴郡
南宁
桂林郡
苍梧郡
日南郡
海南郡
朱崖洲
河内
扶南
金边
林邑
南海郡
广州
澳门
香港
海口
东沙群岛
西沙群岛
中沙群岛
黄岩岛
夷洲
台湾岛
吕宋岛
马尼拉
宋
南海（涨海）
南沙群岛
新加坡
斯里巴加湾市
曾母暗沙
加里曼丹岛
300千米
南海诸岛

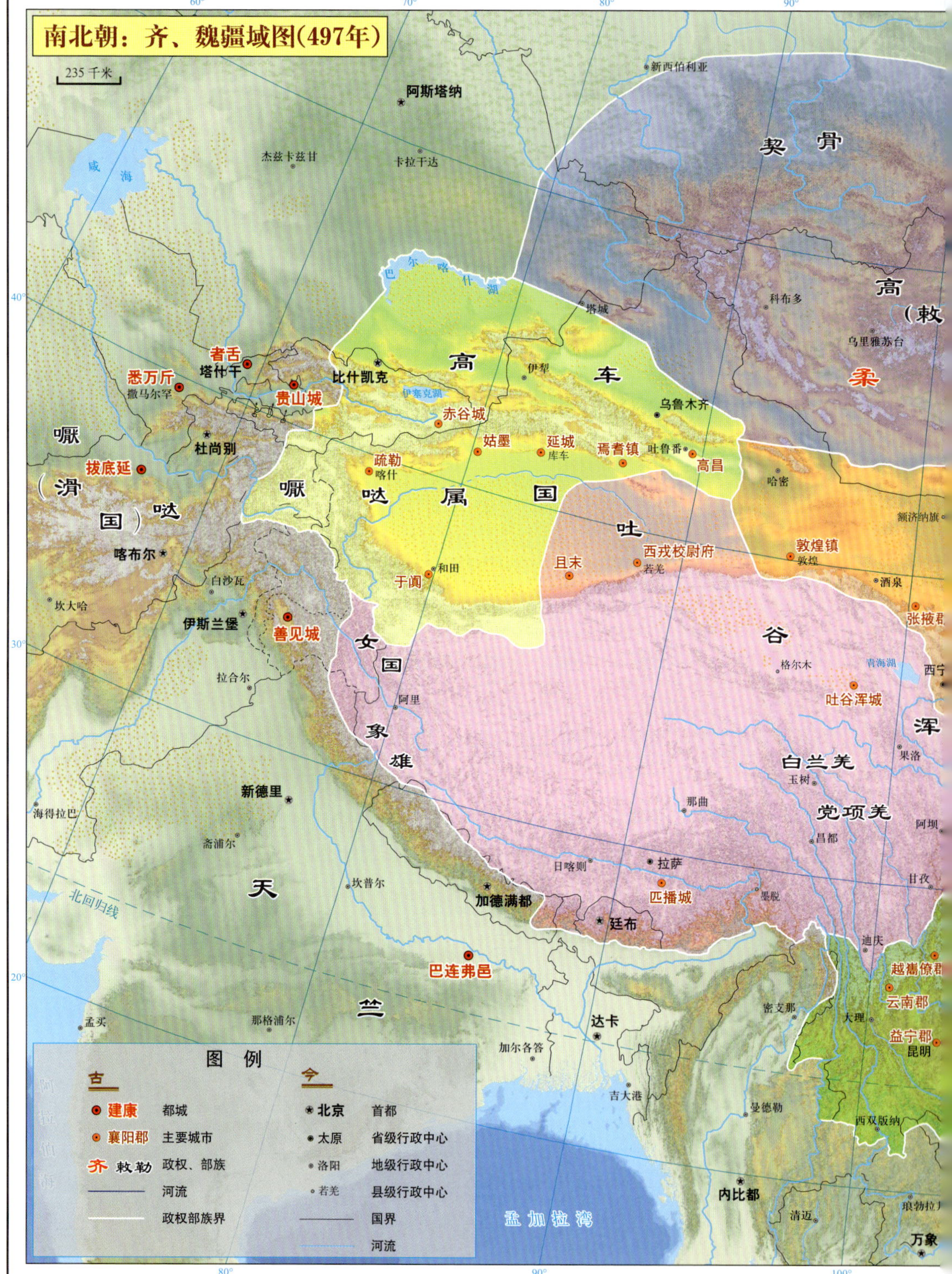

南北朝：齐、魏疆域图(497年)
235千米

阿斯塔纳
新西伯利亚
契 骨
杰兹卡兹甘
卡拉干达
科布多
高
乌里雅苏台
敦
塔城
者舌
悉万斤
塔什干
比什凯克
高 车
伊犁
柔
撒马尔罕
贵山城
伊塞克湖
乌鲁木齐
赤谷城
姑墨
延城
焉耆镇
吐鲁番
哈密
杜尚别
疏勒
库车
高昌
嚈
拔底延
哒
喀什
属
额济纳旗
滑
国
敦煌镇
喀布尔
于阗
西戎校尉府
敦煌
酒泉
白沙瓦
和田
且末
若羌
张掖君
坎大哈
女
谷
格尔木
青海湖
西宁
伊斯兰堡
善见城
国
吐谷浑城
浑
拉合尔
阿里
果洛
象
白兰羌
新德里
玉树
海得拉巴
雄
那曲
党项羌
阿坝
斋浦尔
昌都
甘孜
坎普尔
天
日喀则
拉萨
迪庆
加德满都
匹播城
墨脱
廷布
巴连弗邑
越巂僚君
孟买
那格浦尔
兰
达卡
密支那
云南郡
大理
益宁郡
昆明
加尔各答
吉大港
曼德勒
西双版纳

孟加拉湾

图 例
古   今
建康 都城   北京 首都
襄阳郡 主要城市   太原 省级行政中心
齐 敕勒 政权、部族 洛阳 地级行政中心
                若羌 县级行政中心
河流   国界
政权部族界   河流

内比都
清迈
琅勃拉邦
万象
北回归线

鄂霍次克海
萨哈林岛（库页岛）
尼古拉耶夫斯克（庙街）
共青城
漠河
失
黑河
哈巴罗夫斯克（伯力）
乌洛侯
豆
莫
娄
吉
北海道岛
伊尔库次克
贝加尔湖
车勒）
柔然可汗庭
乌兰巴托
然
乔巴山
呼伦贝尔湖
呼伦湖
齐齐哈尔
韦
丹
哈尔滨
佳木斯
兴凯湖
达兰扎达嘎德
地豆于
契
长春
高
延边
符拉迪沃斯托克（海参崴）
日本海
锡林郭勒
库莫奚
昌黎郡
朝阳
沈阳
辽阳
句
本州岛
东京
抚冥镇
武川镇
柔玄镇
御夷镇
怀荒镇
怀朔镇
辽西郡
丽
平壤
平壤
包头
呼和浩特
沃野镇
燕郡
北京
渤海
倭
京都
武威郡
武威
银川
榆林
平城
北魏
天津
渤海郡
东莱郡
首尔
熊津
新罗
金城
本州岛
薄骨律镇
太原郡
太原
常山郡
石家庄
济南郡
济南
百济
任那
加罗
四国岛
鄯善镇
朔方郡
离石镇
上党郡
魏郡
兰州
高平镇
安定郡
河东郡
河内郡
濮阳郡
黄海
天水郡
长安
西安
洛阳
洛阳
郑州
梁郡
颍川郡
彭城郡
九州岛
昌城
武都镇
至城
汉中郡
南阳郡
汝南郡
钟离郡
建康
南京
东
北巴西郡
上庸郡
襄阳郡
合肥
庐江郡
吴郡
上海
蜀郡
成都
巴东郡
江夏郡
武昌郡
武汉
杭州
巴郡
重庆
南郡
寻阳郡
豫章郡
南昌
会稽郡
东海
太平洋
齐
犍为郡
武陵郡
长沙郡
长沙
建安郡
永嘉郡
温州
琉
昭通
南洋泂郡
怀化
庐陵郡
晋安郡
福州
球
贵阳
零陵郡
桂阳郡
赤尾屿
钓鱼岛
群
建宁郡
夜郎郡
韶关
岛
兴古郡
桂林郡
桂林
台北
夷
晋兴郡
南宁
苍梧郡
南海郡
广州
潮州
洲
台湾岛
交趾郡
河内
澳门
香港
东沙群岛
海口
东沙群岛
朱崖洲
海南岛
南海（涨海）海
吕宋岛

晋兴郡
南宁
苍梧郡
南海郡
广州
南海
齐
河内
朱崖洲
海南岛
西沙群岛
中沙群岛
黄岩岛
扶南
金边
林邑
南海（涨海）海
南沙群岛
斯里巴加湾市
新加坡
曾母暗沙
加里曼丹岛
夷洲
台湾岛
东沙群岛
吕宋岛
马尼拉
300千米
南海诸岛

南北朝：梁、东魏、西魏疆域图(546年)
235千米
咸海
阿斯塔纳
新西伯利亚
杰兹卡兹甘
卡拉干达
契 骨
高（敕
突
厥
柔
塔城
科布多
乌里雅苏台
伊犁
巴尔喀什湖
伊塞克湖
乌鲁木齐
撒马尔罕
塔什干
哒
比什凯克
延城
高昌
吐鲁番
库车
哈密
嚈
滑
国
杜尚别
疏勒
喀什
焉耆
额济纳旗
喀布尔
和田
且末
西戎校尉府
若羌
敦煌郡
敦煌
酒泉郡
酒泉
白沙瓦
于阗
坎大哈
张掖郡
拉合尔
伊斯兰堡
吐 谷 浑
格尔木
伏俟城
青海湖
西宁
女
国
象
雄
阿里
吐谷浑城
白兰羌
玉树
果洛
新德里
那曲
党项羌
海得拉巴
斋浦尔
昌都
阿坝
日喀则
拉萨
甘孜
天
坎普尔
加德满都
匹播城
墨脱
迪庆
廷布
兰
越嶲郡
云南郡
孟买
那格浦尔
达卡
密支那
大理
昆明
北回归线
加尔各答
吉大港
晋宁郡
曼德勒
骠
国
西双版纳
内比都
清迈
琅勃拉
万象
孟加拉湾
图 例
古
建康 都城
襄阳郡 主要城市
梁 敕勒 政权、部族
河流
政权部族界
今
北京 首都
太原 省级行政中心
洛阳 地级行政中心
若羌 县级行政中心
国界
河流

鄂霍次克海
尼古拉耶夫斯克（庙街）
萨哈林岛（库页岛）
伊尔库次克
涅尔琴斯克（尼布楚）
漠河
失
共青城
黑河
哈巴罗夫斯克（伯力）
北海道岛
勒）
车
柔然可汗庭
乌兰巴托
乌洛侯
齐齐哈尔
豆
莫
娄
韦
吉
然
哈尔滨
佳木斯
达兰扎达嘎德
地豆于
长春
延边
符拉迪沃斯托克（海参崴）
日本海
锡林郭勒
契
丹
高
句
库莫奚
昌黎郡
朝阳
沈阳
辽阳
丽
沃野镇
包头
呼和浩特
平城
燕郡
北平郡
平壤
平壤
本州岛
东京
西
魏
东
魏
北京
天津
渤海
新罗
银川
武威郡
武威
薄骨律镇
榆林
太原郡
太原
常山郡
石家庄
勃海郡
东莱郡
泗沘
扶余
金城
庆州
倭
五原郡
上党郡
邺城
济南郡
济南
高密郡
百
济
京都
兰州
高平
安定郡
郑州
濮阳郡
黄海
四国岛
天水郡
河东郡
洛阳
颍川郡
彭城郡
北海郡
东
九州岛
长安
西安
仇池郡
南阳郡
汝南郡
钟离郡
海
琉
太平洋
巴西郡
汉中郡
上庸郡
襄阳郡
合肥
建康
南京
广陵郡
吴郡
上海
球
蜀郡
成都
巴东郡
南郡
江夏郡
武汉
武昌郡
杭州
会稽郡
东海
巴郡
重庆
寻阳郡
豫章郡
南昌
犍为郡
武陵郡
长沙郡
长沙
永嘉郡
温州
赤尾屿
群
朱提郡
昭通
牂牁郡
怀化
庐陵郡
建安郡
福州
钓鱼岛岛
梁
贵阳
夜郎郡
零陵郡
桂阳郡
赣州
晋安郡
台北
夷
建宁郡
桂林郡
桂林
韶关
潮州
桂水郡
百色
苍梧郡
南海郡
广州
澳门
香港
台湾岛
交趾郡
河内
海口
东沙群岛
海南岛
南（涨海）海
吕宋岛
晋兴郡
南宁
苍梧郡
南海郡
广州
潮州
夷洲
台湾岛
河内
交趾郡
海口
梁
海南岛
西沙群岛
林
邑
中沙群岛
黄岩岛
扶南
金边
南（涨海）海
吕宋岛
马尼拉
南沙群岛
斯里巴加湾市
曾母暗沙
加里曼丹岛
新加坡
300千米
南海诸岛

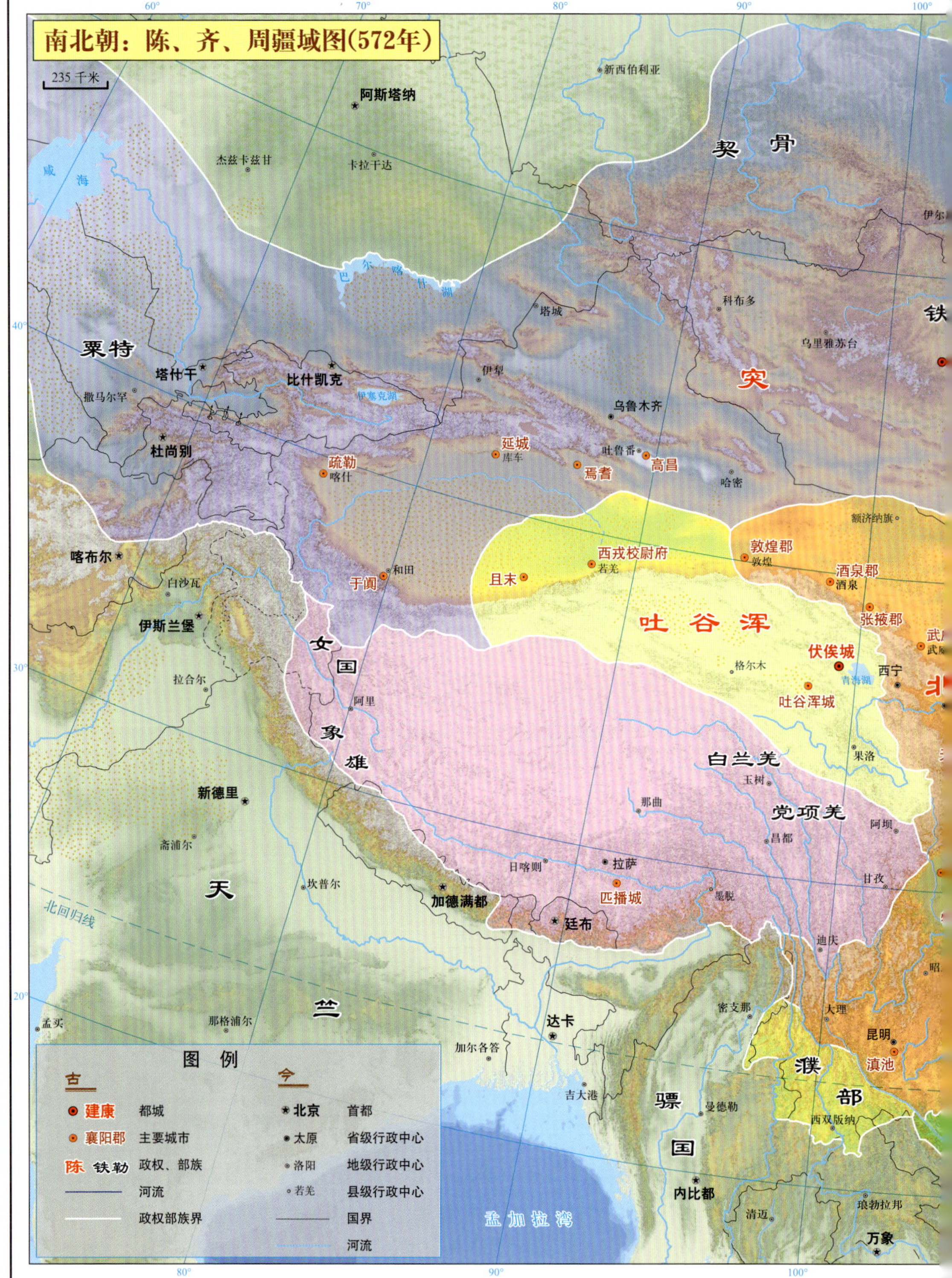

南北朝：陈、齐、周疆域图(572年)
235千米
咸海
阿斯塔纳
新西伯利亚
契　骨
杰兹卡兹甘
卡拉干达
铁
科布多
乌里雅苏台
粟特
突
塔什干
比什凯克
伊塞克湖
伊犁
撒马尔罕
乌鲁木齐
杜尚别
延城
疏勒
库车
吐鲁番
高昌
喀什
焉耆
哈密
喀布尔
西戎校尉府
敦煌郡
白沙瓦
且末
若羌
敦煌
酒泉郡
于阗
和田
酒泉
伊斯兰堡
张掖郡
武
拉合尔
女
吐　谷　浑
武
伏俟城
西宁
国
阿里
格尔木
青海湖
非
吐谷浑城
果洛
象
白兰羌
新德里
玉树
党项羌
斋浦尔
那曲
阿坝
雄
昌都
甘孜
天
日喀则
拉萨
坎普尔
匹播城
墨脱
加德满都
迪庆
廷布
昭
兰
孟买
那格浦尔
密支那
达卡
大理
加尔各答
昆明
滇池
濮
吉大港
曼德勒
内比都
骠
部
西双版纳
国
清迈
琅勃拉邦
孟加拉湾
万象
北回归线
图　例
古
今
建康　都城
北京　首都
襄阳郡　主要城市
太原　省级行政中心
陈　铁勒　政权、部族
洛阳　地级行政中心
若羌　县级行政中心
河流
国界
政权部族界
河流

地图右下角附图（南海诸岛）：

隋朝疆域图(612年)
235 千米

阿斯塔纳
新西伯利亚
杰兹卡兹甘
卡拉干达
契 骨
铁
伊尔
咸 海
西
铁 勒
突
铁
科布多
塔城
乌里雅苏台
厥 勒
东
塔什干
比什凯克
碎叶
伊犁
伊塞克湖
乌鲁木齐
撒马尔罕
西突厥王庭
杜尚别
姑墨
龟兹
高昌
吐鲁番
伊吾郡
哈密
库车
吐火罗
疏勒
喀什
焉耆
额济纳旗
喀布尔
乌
场
于阗
和田
且末郡
鄯善郡
若羌
敦煌郡
敦煌
酒泉
白沙瓦
伊斯兰堡
张掖郡
武
武
拉合尔
阔兰陀
女
国
格尔木
西海郡
西宁
青海湖
阿里
临洮
党
新德里
象
玉树
果洛
斋浦尔
雄
那曲
项
曲女城
天
坎普尔
泥
日喀则
拉萨
昌都
阿坝
甘孜
婆
宝髻
匹播城
加德满都
罗
墨脱
附
国
廷布
迪庆
波吒厘子城
越崔郡
兰
达卡
密支那
越析州
昭
孟买
那格浦尔
加尔各答
大理
昆州
昆明
濮
吉大港
曼德勒
部
西双版纳
内比都
国
清迈
琅勃拉邦
孟 加 拉 湾
骠
万象

图 例
古
今
东都   都城
北京   首都
襄阳郡 主要城市
太原   省级行政中心
隋 铁勒 政权、部族
洛阳   地级行政中心
河流
若羌   县级行政中心
政权部族界
国界
河流

室
韦
靺
鞨
勒
厥牙帐
厥
霫
契
丹
奚
高
丽
隋
新罗
百济
倭国
尼古拉耶夫斯克（庙街）
萨哈林岛（库页岛）
鄂霍次克海
北海道岛
本州岛
东京
京都
四国岛
九州岛
漠河
涅尔琴斯克（尼布楚）
贝加尔湖
乌兰巴托
乔巴山
达兰扎达嘎德
锡林郭勒
呼伦湖
呼伦贝尔
黑河
齐齐哈尔
哈尔滨
长春
延边
佳木斯
共青城
哈巴罗夫斯克（伯力）
符拉迪沃斯托克（海参崴）
兴凯湖
日本海
平壤
首尔
泗沘
扶余
金城
庆州
辽东郡
柳城郡
朝阳
沈阳
辽阳
五原郡
包头
呼和浩特
云中
大同
涿郡
北京
北平郡
天津
渤海
东莱郡
榆林郡
银川
榆林
雁门郡
恒山郡
太原郡
太原
石家庄
信都郡
齐郡
济南
北海郡
灵武郡
朔方郡
武安郡
鲁郡
高密郡
延安郡
上党郡
梁郡
东海郡
河东郡
洛阳
东都
郑州
谯郡
京师
西安
颍川郡
汝南郡
江宁
江都郡
南京
吴郡
上海
汉川郡
南阳郡
庐江郡
合肥
房陵郡
襄阳郡
余杭郡
杭州
巴西郡
巴东郡
江夏郡
南郡
武汉
会稽郡
巴郡
重庆
武陵郡
九江郡
豫章郡
南昌
永嘉郡
温州
沅陵郡
长沙郡
长沙
庐陵郡
牂柯郡
贵阳
怀化
零陵郡
桂阳郡
赣州
建安郡
福州
始安郡
桂林
韶关
黄海
东海
东
海
流球
赤尾屿
钓鱼岛
台北
流求
台湾岛
苍梧郡
南海郡
广州
潮州
百色
南宁
香港
澳门
交趾郡
河内
珠崖郡
海口
海南岛
日南郡
南海（涨海）
东沙群岛
吕宋岛
太平洋
隋
南宁
交趾郡
河内
日南郡
海南岛
海口
珠崖郡
广州
香港
澳门
南海郡
苍梧郡
林
真腊
邑
扶南
金边
奥冲
西沙群岛
中沙群岛
黄岩岛
南海（涨海）
东沙群岛
南沙群岛
流求
台湾岛
吕宋岛
马尼拉
新加坡
斯里巴加湾市
曾母暗沙
加里曼丹岛
南海诸岛
300千米

唐朝疆域图(669年)
245 千米
里海
咸海
巴尔喀什湖
新西伯利亚
阿斯塔纳
杰兹卡兹甘
卡拉干达
结骨
都播
葛逻禄
科布多
乌里雅苏台
突骑施
塔城
阿什哈巴德
大宛都督府
塔什干
比什凯克
碎叶
伊犁
伊塞克湖
乌鲁木齐
康居都督府
撒马尔罕
波斯
杜尚别
疏勒镇
喀什
安西都护府
库车
龟兹镇
吐鲁番
焉耆镇
西州
伊州
哈密
月氏都督府
吐火罗
陇
右
道
喀布尔
和田
于阗镇
若羌
沙州
敦煌
波斯都督府
坎大哈
白沙瓦
伊斯兰堡
大勃律
拉合尔
阇烂达罗
阿里
象
雄
吐蕃
格尔木
玉树
昌都
那曲
卡拉奇
北回归线
新德里
斋浦尔
泥
婆
罗
逻些城
拉萨
日喀则
墨脱
天
曲女城
坎普尔
加德满都
廷布
迪
竺
孟买
那格浦尔
波吒厘子城
达卡
密支那
大
加尔各答
吉大港
蒙舍
骠
曼德勒
内比都
国
室利差呾罗
清迈
孟加拉湾
仰光
阿拉伯海
图 例
古
今
京城 都城
北京 首都
襄州 主要城市
太原 省级行政中心
唐 回纥 政权、部族
洛阳 地级行政中心
若羌 县级行政中心
河流
政权部族界
国界
道界
河流

鄂霍次克海
骨 利 干
关
回
纪
内
突
厥
唐
室
韦
靺
鞨
北
河
高
丽
新
罗
日
本
河
东
道
河
南
道
淮
南
道
江
南
道
山
南
道
剑
南
道
岭
南
道
真
腊
林
邑
占城
安北都护府
乌兰巴托
达兰扎达嘎德
额济纳旗
单于都护府
丰州
包头
云州
呼和浩特
锡林郭勒
乔巴山
涅尔琴斯克
(尼布楚)
伊尔库次克
呼伦贝尔
漠河
共青城
黑河
齐齐哈尔
哈尔滨
佳木斯
哈巴罗夫斯克
(伯力)
尼古拉耶夫斯克
(庙街)
萨哈林岛
(库页岛)
北海道岛
长春
延边
符拉迪沃斯托克
(海参崴)
日本海
本州岛
营州
朝阳
辽东城
汀阳
沈阳
平州
幽州
北京
天津
平壤
平壤
首尔
新
庆州
金城
熊津
甘州
张掖
凉州
武威
鄯州
西宁
土
谷
浑
果洛
青海湖
阿坝
甘孜
银川
灵州
榆林
太原
并州
石家庄
恒州
沧州
齐州
济南
莱州
渤海
渤 海
黄 海
东
海
东 海
太 平 洋
琉
球
兖州
四国岛
九州岛
日
本
兰州
兰州
原州
庆州
延州
蒲州
洛阳
东都
郑州
汴州
徐州
陈州
海州
秦州
岷州
京城
西安
梁州
金州
唐州
利州
益州
成都
渝州
重庆
戎州
巂州
曲州
昭通
郎州
贵阳
黔州
朗州
怀化
襄州
荆州
武汉
鄂州
庐州
合肥
江宁
南京
苏州
上海
杭州
杭州
越州
洪州
南昌
潭州
长沙
吉州
赣州
永州
建州
福州
福州
矩州
昆明
桂州
桂林
柳州
百色
邕州
南宁
韶州
广州
潮州
广州
澳门
香港
交州
河内
崖州
海口
海南岛
琅勃拉邦
万象
南 海
西沙群岛
南 (涨海) 海
中沙群岛
钓鱼岛
赤尾屿
群岛
台北
流 求
台湾岛
东沙群岛
吕宋岛
剑南道
岭南道
广州
梧州
南宁
邕州
河内
交州
崖州
海口
唐
澳门
香港
广州
潮州
南 道
东沙群岛
流求
台湾岛
海南岛
林
邑
占城
真
腊
金边
斯里巴加湾市
勃
泥
西沙群岛
中沙群岛
黄岩岛
南 海 (涨海)
南沙群岛
曾母暗沙
加里曼丹岛
马尼拉
吕宋岛
新加坡
300千米
南海诸岛

唐朝疆域图(741年)

235 千米
阿斯塔纳
新西伯利亚
黠 戛 斯
都 播
葛
逻
禄
施
回
杰兹卡兹甘
卡拉干达
科布多
乌里雅苏台
咸海
塔城
恒逻斯城
碎叶镇
骑
伊犁
塔什干
突
比什凯克
伊塞克湖
乌鲁木齐
康
撒马尔罕
食
龟兹镇
吐鲁番
高昌
伊吾
大
库车
哈密
缚喝
杜尚别
疏勒镇
焉耆镇
额济纳旗
吐 火 罗
喀什
陇
右
道
若羌
沙州
肃州
喀布尔
于阗镇
和田
敦煌
酒泉
坎大哈
白沙瓦
甘
张
伊斯兰堡
大 勃 律
格尔木
青海湖
西宁
吐
拉合尔
阿里
谷
吐 蕃
果洛
象
雄
那曲
玉树
昌都
阿坝
新德里
海得拉巴
斋浦尔
泥
婆
日喀则
逻些城
墨脱
甘孜
坎普尔
加德满都
罗
拉萨
迪庆
天
廷布
北回归线
竺
波吒厘子城
密支那
大理
蒙舍诏
孟买
那格浦尔
达卡
昆
加尔各答
吉大港
曼德勒
西双版纳
骠
室利差呾罗
内比都
国
清迈
琅勃拉
孟 加 拉 湾
中南半岛
文单城
万象

图 例
古
今
西京　都城
北京　首都
襄州　主要城市及道驻地
太原　省级行政中心
唐　回纥　政权、部族
洛阳　地级行政中心
若羌　县级行政中心
河流
政权部族界
国界
道界
河流

骨 利 干
伊尔库次克
涅尔琴斯克
(尼布楚)
室
韦
鞨
尼古拉耶夫斯克
(庙街)
萨哈林岛
(库页岛)
鄂霍次克海
漠河
共青城
黑河
纪
突厥牙帐
乌兰巴托
乔巴山
呼伦贝尔
齐齐哈尔
佳木斯
黑水都督府
哈巴罗夫斯克
(伯力)
北海道岛
突 厥
达兰扎达嘎德
锡林郭勒
雪 河
哈尔滨
长春
鞨
渤海都督府
延边
符拉迪沃斯托克
(海参崴)
日本海
松漠都督府
北
沈阳
安东都护府
辽阳
丰州
包头
呼和浩特
云州
幽州
北京
平州
天津
饶乐都督府
营州
朝阳
平壤
新
罗
本州岛
东京
凉州
武威
郑州
银川
榆林
关
内
道
河
东
道
太原府
太原
恒州
石家庄
沧州
冀州
渤海
莱州
首尔
金城
庆州
京都
京都
本
日
灵州
延州
潞州
青州
济南
魏州
齐州
密州
朝鲜半岛
四国岛
兰州
兰州
原州
固原
庆州
郑州
洛阳
东都
汴州
河
南
道
徐州
海州
黄海
九州岛
秦州
天水
西京
西安
亳州
豫州
南京
扬州
苏州
上海
琉
岷州
梁州
山
南
西
道
金州
房州
淮
南
道
庐州
合肥
江宁
杭州
杭州
东
海
球
剑
南
道
阆州
益州
成都
襄州
荆州
武汉
鄂州
黄州
宣州
江
南
东
道
温州
太平洋
渝州
重庆
黔州
江州
洪州
南昌
江
南
西
道
赤尾屿
钓鱼岛
戎州
朗州
长沙
潭州
吉州
赣州
建州
福州
福州
曲州
昭通
矩州
贵阳
黔
中
道
永州
台北
南宁州
桂州
桂林
韶州
韶关
流
求
台湾岛
柳州
百色
岭
南
道
梧州
广州
广州
潮州
东沙群岛
交州
河内
邕州
南宁
澳门
香港
崖州
海口
海南岛
南 海
南(涨海)海
吕宋岛
唐
岭
南
道
唐
邕州
梧州
广州
香港
澳门
潮州
台湾岛
崖州
海口
河内
林
占城
陆真腊
水真腊
金边
海南岛
南 海
(涨海)
西沙群岛
中沙群岛
黄岩岛
东沙群岛
吕宋岛
马尼拉
南沙群岛
斯里巴加湾市
曾母暗沙
新加坡
加里曼丹岛
300千米
南海诸岛
39

唐朝疆域图（820年）
235千米
阿斯塔纳
新西伯利亚
黠　戛　斯
杰兹卡兹甘
卡拉干达
夏
播
都
回鹘行宫
科布多
巴尔喀什湖
葛逻禄
塔城
乌里雅苏台
回
塔什干
比什凯克
伊犁
萨末
撒马尔罕
伊塞克湖
乌鲁木齐
大
食
疏勒
喀什
龟兹
库车
吐鲁番
高昌
伊吾
哈密
额济纳旗
杜尚别
焉耆
迦布罗
喀布尔
和田
若羌
沙州
敦煌
肃州
酒泉
甘张
白沙瓦
于阗
坎大哈
青海湖
西
伊斯兰堡
格尔木
吐
谷
拉合尔
阿里
吐　蕃
玉树
昌都
阿坝
象
雄
那曲
甘孜
逻些城
拉萨
海得拉巴
新德里
斋浦尔
日喀则
墨脱
天
坎普尔
泥
婆
加德满都
罗
廷布
迪庆
波吒厘子城
密支那
阳苜咩城
大理
善阐
昆明
兰
孟买
那格浦尔
达卡
永昌府
南　诏
加尔各答
吉大港
曼德勒
西双版纳
骠
内比都
室利差呾罗
国
清迈
琅物
文单城
孟加拉湾
万象

图　例
古
今
上都　都城
北京　首都
襄州　主要城市
太原　省级行政中心
唐　契丹　政权、部族
洛阳　地级行政中心
河流
若羌　县级行政中心
政权部族界
国界
河流

40

骨利干
室
韦
鄂霍次克海
萨哈林岛
（库页岛）
伊尔库次克
漠河
涅尔琴斯克
（尼布楚）
尼古拉耶夫斯克
（庙街）
共青城
黑水靺鞨
北海道岛
黑河
哈巴罗夫斯克
（伯力）
回鹘牙帐
乌兰巴托
乔巴山
呼伦贝尔
齐齐哈尔
佳木斯
渤　海
鹘
哈尔滨
上京
本州岛
东京
达兰扎达嘎德
锡林郭勒
契
丹
长春
中京
东京
延边
符拉迪沃斯托克
（海参崴）
40°
扶余
50°
丰州
包头
呼和浩特
奚
营州
朝阳
沈阳
辽东城
辽阳
西京
日　本　海
闲
云中
大同
幽州
北京
平州
南京
平壤
新
本州岛
东京
田
代州
天津
渤海
首尔
罗
京都
京都
凉州
武威
银川
灵州
榆林
绥州
太原府
太原
镇州
石家庄
沧州
渤海
金城
庆州
日　本
兰州
兰州
固原
庆州
唐
潞州
魏州
齐州
济南
青州
四国岛
泰州
天水
上都
西安
河中府
洛阳
洛阳
郑州
汴州
兖州
徐州
黄　海
九州岛
兴元府
金州
唐州
寿州
扬州
东
太平洋
巴州
夔州
襄州
庐州
合肥
江宁
南京
苏州
上海
海
琉
成都府
成都
鄂州
武汉
杭州
杭州
渝州
重庆
江陵府
江州
越州
球
戎州
黔州
洪州
南昌
温州
东海
昭通
朗州
潭州
长沙
古州
建州
赤尾屿
播州
怀化
永州
福州
福州
钓鱼岛
贵阳
桂州
桂林
韶州
韶关
台北
流
柳州
百色
梧州
潮州
求
邕州
南宁
广州
广州
潮州
台湾岛
交州
河内
澳门
香港
东沙群岛
崖州
海口
海南岛
南　海
南（涨海）海
吕宋岛
南诏
邕州
南宁
梧州
交阯
河内
海南岛
崖州
海口
唐
广州
澳门
香港
东沙群岛
潮州
流求
台湾岛
环
真
腊
金边
占城
陆
王
南
西沙群岛
中沙群岛
黄岩岛
南　海
吕宋岛
马尼拉
新加坡
斯里巴加湾市
曾母暗沙
南沙群岛
加里曼丹岛
300千米
南海诸岛

五代十国疆域图(943年)
235 千米

新西伯利亚
阿斯塔纳
辖
寄　蔑
夏
古　斯
咸海
杰兹卡兹甘
卡拉干达
斯
九　姓
塔城
科布多
乌里雅苏台
怛逻斯
都墨城
乌　护
恒逻斯
伊塞克湖
比什凯克
伊犁
西　州
达
撒马尔罕
朝
葛
逻
禄
乌鲁木齐
龟兹
吐鲁番
哈密
回　鹘
杜尚别
样
疏勒
喀什
库车
焉耆
西州
额济纳旗
磨
沙州
肃州
喀布尔
石城
敦煌
甘
白沙瓦
于阗
和田
若羌
州
回
酒泉
坎大哈
张
甘
伊斯兰堡
格尔木
青海湖
鹘
西
拉合尔
阿
柴
左烂陀罗
阿里
果洛
吐　蕃
玉树
阿坝
新德里
海得拉巴
那曲
昌都
甘孜
斋浦尔
逻些城
迪庆
婆
大曲女城
泥
拉萨
建昌
坎普尔
婆
日喀则
墨脱
大理
加德满都
罗
密支那
鄯阐
罗
花氏城
廷布
腾冲府
昆明
门
秀山郡
孟买
那格浦尔
达卡
大　理
曼德勒
西双版纳
加尔各答
吉大港
内比都
狼勃
孟加拉湾
清迈
万象

图　例
古
东京　都城
襄州　主要城市
晋　女真　政权、部族
河流
政权部族界
今
北京　首都
太原　省级行政中心
洛阳　地级行政中心
若羌　县级行政中心
国界
河流

鄂霍次克海
尼古拉耶夫斯克（庙街）
萨哈林岛（库页岛）
伊尔库次克
嗢 娘 改
涅尔琴斯克（尼布楚）
漠河
室
共青城
黑水靺鞨
黑河
哈巴罗夫斯克（伯力）
北海道岛
乌兰巴托
乔巴山
呼伦贝尔
齐齐哈尔
韦
哈尔滨
女
佳木斯
旦
达兰扎达嘎德
锡林郭勒
上京
黄龙府
长春
真
延边
符拉迪沃斯托克（海参崴）
达 靼
辽
朝阳
沈阳
东京
辽阳
包头
呼和浩特
胜州
云州
大同
南京
平州
平壤
高
本州岛
东京
银川
武威
凉州
党项
灵州
榆林
定难
北京
太原
石家庄
恒州
瀛州
天津
渤海
渤海
开京
开城
首尔
丽
平安京
京都
日 本
兰州
固原
庆州
延州
潞州
冀州
沧州
登州
齐州
济南
青州
四国岛
秦州
天水
长安
西安
河中府
洛阳
西京
郑州
广晋府
兖州
密州
黄海
九州岛
利州
兴元府
夔州
许州
晋
东京
蔡州
亳州
徐州
楚州
东
成都府
成都
阆州
襄州
庐州
合肥
西都
南京
东都
上海
苏州
海
太平洋
后 蜀
渝州
重庆
黔州
南平
江陵府
南
鄂州
武汉
池州
西府
杭州
东府
东海
琉
昆明
贵阳
牂牁
朗州
怀化
江州
洪州
南昌
吴越
殷
温州
球
赤尾屿
钓鱼岛
长沙府
长沙
楚
唐
建州
长乐府
福州
台北
流求
群岛
越
吴
朝
螺城
河内
百色
柳州
梧州
永州
郴州
桂州
韶州
虔州
赣州
闽
泉州
邕州
南宁
兴王府
广州
澳门
香港
潮州
崖州
海口
海南岛
南 海（涨海）海
东沙群岛
吕宋岛
43
南汉
邕州
南宁
梧州
南宁
兴王府
广州
潮州
流求
台湾岛
大理
河内
越
崖州
东沙群岛
吴
朝
占城
腊
真腊
金边
海南岛
西沙群岛
中沙群岛
黄岩岛
南海（涨海）海
南沙群岛
吕宋岛
马尼拉
斯里巴加湾市
曾母暗沙
加里曼丹岛
新加坡
300千米
南海诸岛

北宋疆域图(1111年)
235 千米
古 斯
咸 海
阿斯塔纳
新西伯利亚
辖
夏
斯
杰兹卡兹甘
卡拉干达
柯提
花剌子模
科布多
乌里雅苏台
上
黑汗西支
恒逻斯
八剌沙衮
塔城
萨末鞬
塔什干
比什凯克
伊犁
撒马尔罕
黑汗
伊塞克湖
乌鲁木齐
塞尔柱
杜尚别
龟兹
库车
吐鲁番
高昌
喀什
疏勒
焉耆
哈密
西州回鹘
额济纳旗
喀布尔
沙州
敦煌
肃州
酒泉
甘
吉慈尼
白沙瓦
和田
张
坎大哈
于阗
黄头回纭
伊斯兰堡
慈
拉合尔
阿里
格尔木
青海湖
阿
柴
西
尼
吐蕃诸部
玉树
果洛
海得拉巴
底里
新德里
布让
那曲
昌都
阿坝
斋浦尔
亚泽
逻些城
天
坎普尔
泥
拉萨
墨脱
甘孜
婆
日喀则
匹播城
加德满都
罗
廷布
巴特那
迪庆
会川府
竺
密支那
大理
大理
昆明
孟买
那格浦尔
达卡
腾冲府
秀山
加尔各答
蒲
曼德勒
甘
西双版纳
蒲甘
内比都
清迈
琅勃拉邦
孟加拉湾
万
图 例
古
今
东京 都城
北京 首都
襄州 主要城市及路驻地
太原 省级行政中心
北宋 女真 政权、部族
洛阳 地级行政中心
河流
若羌 县级行政中心
政权部族界
国界
路(道)界
河流

鄂霍次克海
萨哈林岛
（库页岛）
尼古拉耶夫斯克
（庙街）
共青城
哈巴罗夫斯克
（伯力）
斡
朗
改
室
东
韦
京
女
真
道
漠河
黑河
伊尔库次克
涅尔琴斯克
（尼布楚）
齐齐哈尔
佳木斯
哈尔滨
乌兰巴托
乔巴山
呼伦贝尔
京
辽
道
上京
黄龙府
长春
延边
符拉迪沃斯托克
（海参崴）
达兰扎达嘎德
锡林郭勒
沈阳
朝阳
东京
辽阳
北海道岛
本州岛
东京
西 京 道
中
京
道
平壤
高
丽
日 本 海
包头
呼和浩特
云内州
西京
大同
南京
北京
中京
天津
渤海
开京
开城
首尔
平安京
京都
日 本
西 夏
兴庆府
凉州
武威
银川
灵川
榆林
河
北
东
路
渤海
太原府
太原
真定府
石家庄
河
北
西
路
登州
青州
济州
济南
京
东
东
路
四国岛
兰州
兰州
固原
延安府
永
兴
军
路
庆州
隆德府
开封①
郑州
洛阳
西京
西安
长安
东京
南京
京
西
北
路
京
东
西
路
淮
南
东
路
扬州
①京畿路
②属京西北路
黄海
九州岛
东
利州
兴元府
梓州
京
西
南
路
蔡州
寿州
合肥
淮
南
西
路
江宁府
苏州
上海
南京
杭州
浙
江
太平洋
琉
球
群
岛
梓
州
路
襄州
鄂州
武汉
黄州
江陵府
两
浙
路
越州
东 海
荆
湖
北
路
江
南
东
路
江州
杭州
温州
黔州
重庆
恭州
荆
湖
南
路
潭州
长沙
洪州
南昌
江
南
西
路
虔州
福
建
路
福州
福州
台北
流
求
海
矩州
贵阳
怀化
昭通
北 宋
桂州
桂林
广
南
西
路
广
南
东
路
梧州
广州
广州
潮州
泉州
钓鱼岛
赤尾屿
台湾岛
台湾岛
邕州
南宁
百色
澳门
香港
越
升龙
河内
李
朝
琼州
海口
东沙群岛
海 南 岛
南
海
南
海
麻逸
吕宋岛
新加坡
大理
越
河内
升龙
李
朝
占城
真腊
金边
北 宋
琼州
海口
海南岛
广州
香港
澳门
西沙群岛
中沙群岛
黄岩岛
东沙群岛
南
海
诸
岛
流求
台湾岛
吕宋岛
马尼拉
佛逝
南沙群岛
曾母暗沙
加里曼丹岛
斯里巴加湾市
新加坡
300千米
南海诸岛

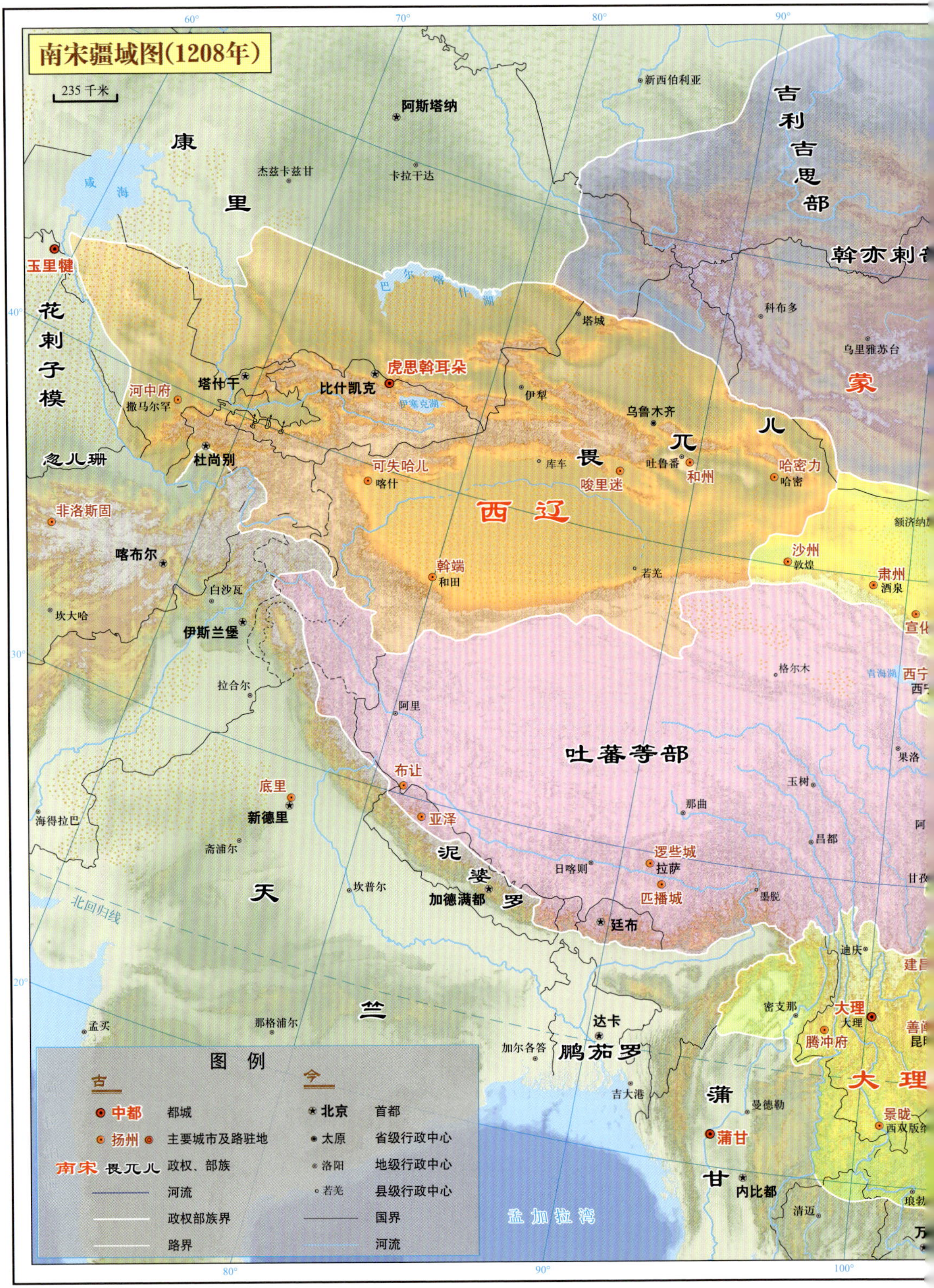

南宋疆域图（1208年）

鄂霍次克海
尼古拉耶夫斯克（庙街）
萨哈林岛（库页岛）
胡里改
吉里迷
上京路
涅尔琴斯克（尼布楚）
漠河
共青城
黑河
哈巴罗夫斯克（伯力）
八剌忽部
谷里秃麻部
不里牙惕部
伊尔库次克
贝加尔湖
色楞格河
弘吉剌部
呼伦贝尔
齐齐哈尔
佳木斯
北海道岛
乌兰巴托
乔巴山
临潢府路
哈尔滨
上京
长春
延边
符拉迪沃斯托克（海参崴）
鲁朵城
大斡耳朵
古
锡林郭勒
临潢府
北京路
咸平府路
咸平府
沈阳
东京路
朝阳
东京
辽阳
达兰扎达嘎德
汪古部
包头
呼和浩特
西京路
大同府
大同
中都
北京路
天津
渤海
本州岛
东京
日本海
平壤
高丽
开京
开城
首尔
平安京
京都
西夏
中兴府
银川
西凉府
武威
西平府
榆林
河东北路
真定府
石家庄
河间府
北东路
登州
日本
四国岛
米路
州
凤翔路
延安路
鄜延路
太原府
太原
河北西路
大名东平府路
济南府
济南
益都府
山东东路
密州
临洮府
庆阳府
庆原路
凤翔府
长安
西安
京兆府
洛阳
潞州
河东南路
河南
郑州南京
大名东平府路
归德府
徐州
黄海
九州岛
利州西路
沔州
兴元府
京西南路
蔡州
南京路
淮南东路
扬州
上海
两浙路
建康府
临安府
杭州
绍兴府
东海
利州东路
阆州
襄阳府
京西南路
庐州
合肥
淮南西路
南京
江南东路
潼川府路
重庆府
重庆
夔州
江陵府
鄂州
武汉
黄州
江州
隆兴府
南昌
江南西路
两浙东路
温州
黔州
荆湖北路
常德府
潭州
长沙
荆湖南路
南
宋
江南西路
赣州
福建路
福州
福州
泉州
怀化
矩州
贵阳路
静江府
桂林
广南西路
梧州
广南东路
广州
广州
韶州
潮州
潮州
台北
流求
台湾岛
百色
邕州
南宁
澳门
香港
越
升龙
河内
李
朝
琼州
海口
千
东沙群岛
里
长
南
海
海南岛
麻逸
吕宋岛
太平洋
琉球群岛
赤尾屿
钓鱼岛
东海

大理
南宁
邕州
梧州
广州
广州
潮州
澳门
香港
南宋
河内
越
李
朝
占城
真边
金边
腊
海口
琼州
东沙群岛
西沙群岛
中沙群岛
黄岩岛
南沙群岛
南海诸岛
南海
万里
石
曾母暗沙
泥
斯里巴加湾市
渤
加里曼丹岛
新加坡
流求
台湾岛
吕宋岛
马尼拉
逸
麻
300千米

元朝疆域图（1330年）

235 千米

钦察汗国

察合台汗国

伊利汗国

宣政院辖地

印度

钦察汗国
玉龙杰赤
不花剌
撒麻耳干
撒马尔罕
察赤
塔什干
俺的干
比什凯克
伊塞克湖
杜尚别
可失哈耳
喀什
斡端
和田
新西伯利亚
阿斯塔纳
杰兹卡兹甘
卡拉干达
巴尔喀什湖
海押立
塔城
也迷里
阿里麻里
伊犁
科布多
乌里雅苏台
乌鲁木齐
吐鲁番
苦叉
库车
哈密力
哈密
沙州路
肃州路
甘肃
甘州路
额济纳
若羌
格尔木
青海湖
西宁
西
喀布尔
坎大哈
白沙瓦
伊斯兰堡
拉合尔
阿里
果洛
玉树
那曲
昌都
宁远
迪庆
建
丽江路
密支那
大理路
大理
太公路
镇康路
云南行
昆
中庆

岭北行省北部

627 千米

喀拉海
泰梅尔半岛
北极圈
辽阳行省
岭北行省
元
印度
北回归线

泥婆罗
日喀则
拉萨
萨斯迦
加德满都
廷布
墨脱
曼德勒
西双版纳

孟加拉湾
加尔各答
达卡
吉大港
清迈
内比都
蒙庆府
登笼
白古
暹

图例

古

- 🔴 大都　都城
- 🟠 襄阳路　主要城市及省驻地
- 元 虾夷　政权、部族
- ── 河流
- ── 政权部族界
- ── 省界

今

- ✴ 北京　首都
- ⬤ 太原　省级行政中心
- ◎ 洛阳　地级行政中心
- ○ 若羌　县级行政中心
- ── 国界
- ── 河流

48

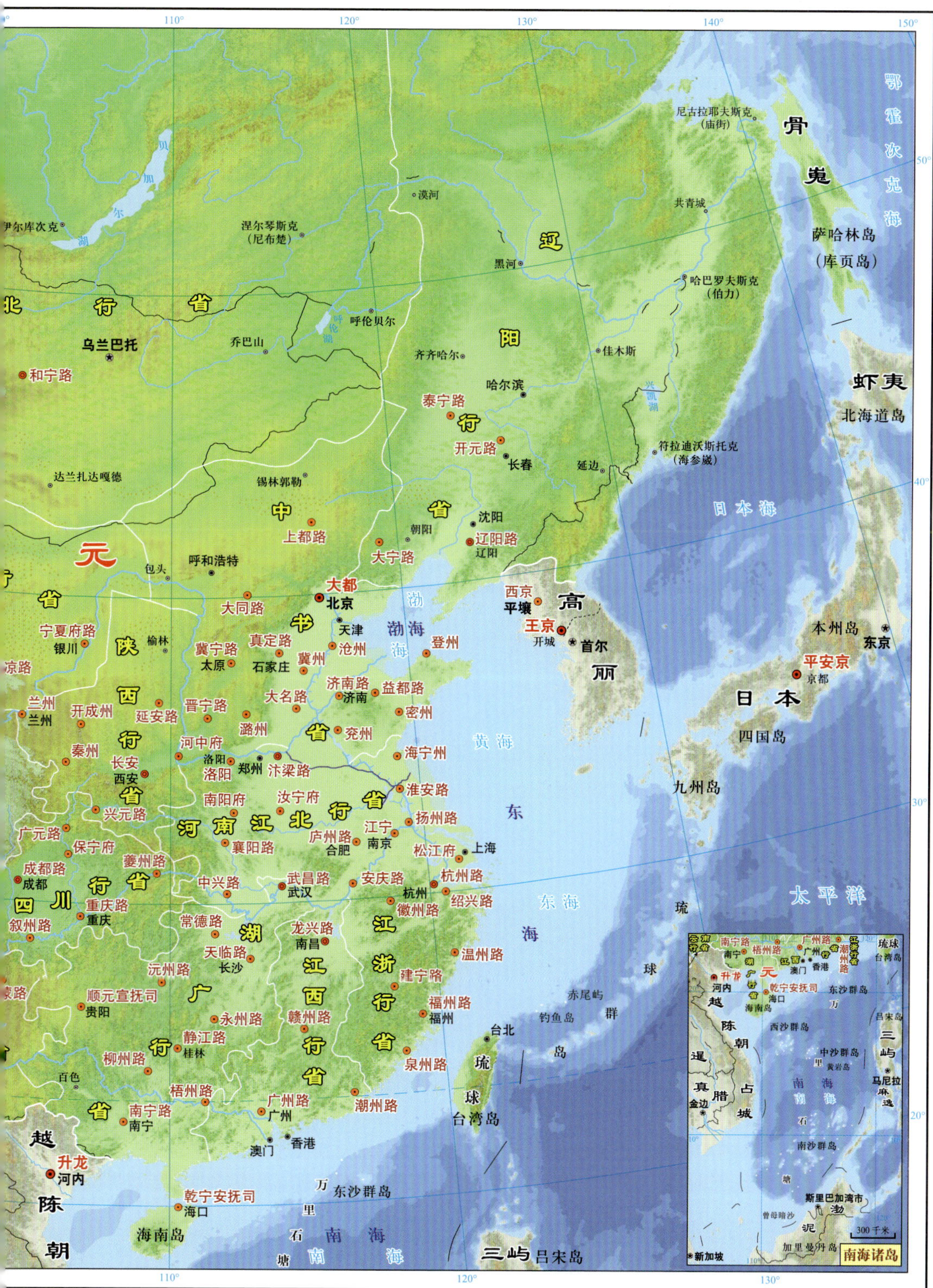

鄂霍次克海
骨嵬
尼古拉耶夫斯克
（庙街）
萨哈林岛
（库页岛）
漠河
辽阳
共青城
涅尔琴斯克
（尼布楚）
黑河
哈巴罗夫斯克
（伯力）
虾夷
北海道岛
伊尔库次克
行
省
呼伦贝尔
佳木斯
乔巴山
齐齐哈尔
哈尔滨
泰宁路
开元路
长春
延边
符拉迪沃斯托克
（海参崴）
日本海
乌兰巴托
和宁路
省
中
达兰扎达嘎德
锡林郭勒
上都路
朝阳
沈阳
辽阳路
辽阳
本州岛
东京
元
包头
呼和浩特
大宁路
大都
书
北京
大同路
西京
平壤
高
平安京
京都
宁夏府路
银川
陕
榆林
冀宁路
真定路
天津
沧州
渤海
登州
王京
开城
首尔
丽
日本
凉路
兰州
兰州
西
太原
石家庄
冀州
济南路
益都路
四国岛
开成州
延安路
晋宁路
大名路
济南
密州
省
黄海
泰州
长安
西安
河中府
洛阳
郑州
汴梁路
兖州
海宁州
九州岛
南阳府
汝宁府
淮安路
东
兴元路
江
北
庐州路
合肥
江宁
南京
扬州路
松江府
上海
太平洋
广元路
河
南
襄阳路
行
武昌路
武汉
安庆路
杭州路
杭州
绍兴路
琉
保宁府
夔州路
中兴路
省
徽州路
球
成都路
成都
川
四
重庆路
重庆
湖
常德路
天临路
龙兴路
南昌
江
西
温州路
建宁路
东
海
赤尾屿
叙州路
沅州路
长沙
广
永州路
江
浙
行
福州路
福州
钓鱼岛
群
夔路
顺元宣抚司
贵阳
行
静江路
桂林
赣州路
行
台北
岛
越
省
柳州路
省
省
潮州路
琉
百色
梧州路
省
泉州路
球
升龙
河内
南宁路
南宁
广州路
广州
澳门
香港
潮州
台湾岛
陈
朝
乾宁安抚司
海口
万
里
东沙群岛
三屿
吕宋岛
海南岛
石
塘
南
海
南
海

羊
南宁
湖
广州路
元
江浙省
琉球
台湾岛
升龙
河内
越
甘
乾宁安抚司
海口
东沙群岛
陈
朝
暹
金边
真腊
占
城
吕宋岛
三
屿
马尼拉
西沙群岛
万
黄岩岛
中沙群岛
南
海
石
南沙群岛
斯里巴湾市
渤
泥
曾母暗沙
加里曼丹岛
新加坡
南海诸岛
300千米

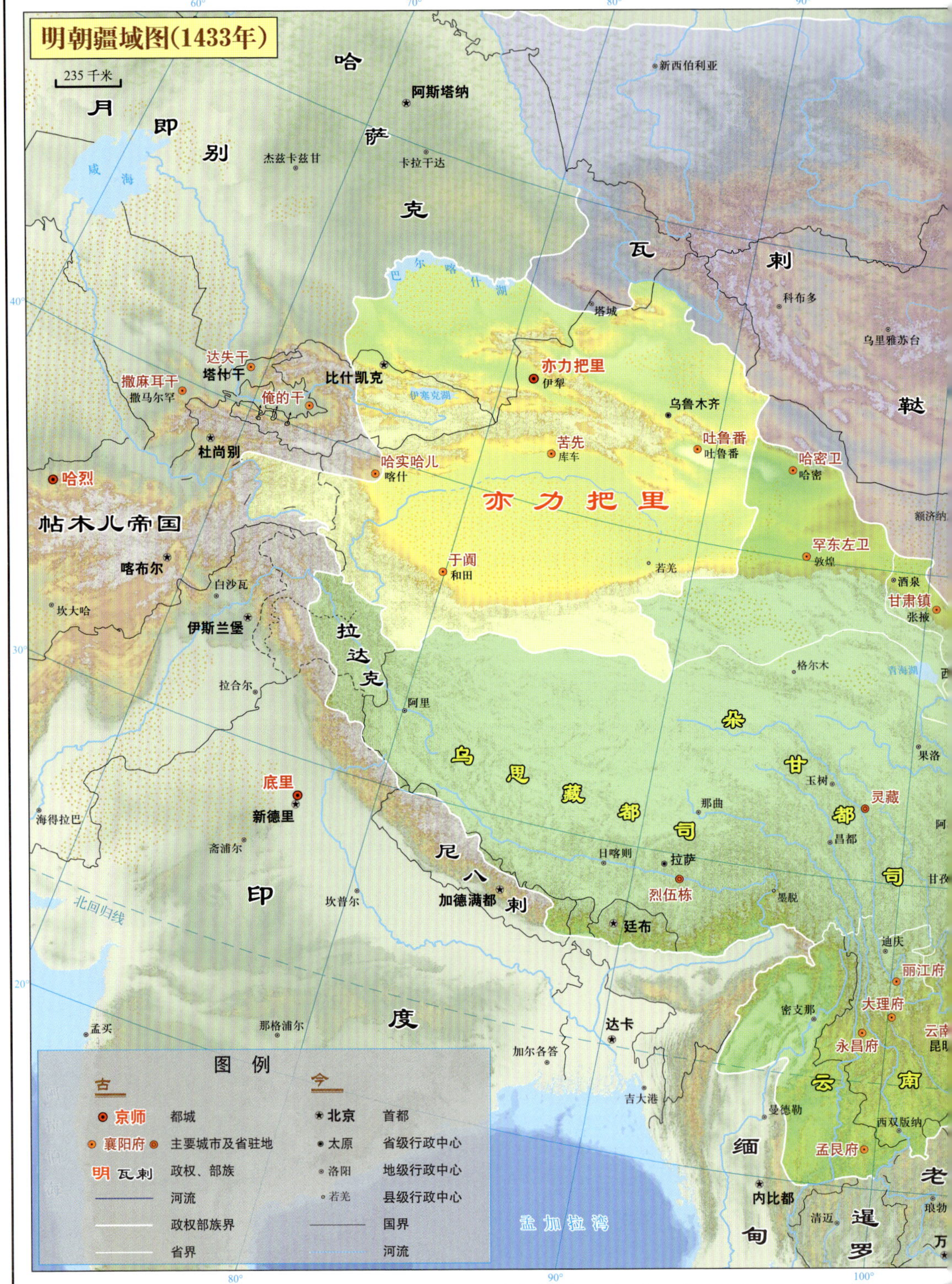
明朝疆域图(1433年)
235千米
哈
萨
克
瓦
刺
月
即
别
克
鞑
阿斯塔纳
新西伯利亚
杰兹卡兹甘
卡拉干达
科布多
乌里雅苏台
巴尔喀什湖
塔城
靼
达失干
塔什干
比什凯克
亦力把里
伊犁
乌鲁木齐
撒麻耳干
撒马尔罕
俺的干
吐鲁番
吐鲁番
哈密卫
哈密
杜尚别
哈实哈儿
喀什
苦先
库车
亦 力 把 里
颍济纳
哈烈
罕东左卫
敦煌
帖木儿帝国
于阗
和田
若羌
酒泉
甘肃镇
张掖
喀布尔
白沙瓦
格尔木
青海湖
西
坎大哈
拉
达
克
阿里
乌
思
藏
都
司
玉树
朵
甘
都
司
果洛
灵藏
昌都
伊斯兰堡
拉合尔
那曲
底里
新德里
斋浦尔
日喀则
拉萨
墨脱
甘孜
烈伍栋
阿
尼
八
刺
加德满都
廷布
迪庆
丽江府
印
坎普尔
大理府
云南
昆明
孟买
那格浦尔
度
达卡
密支那
永昌府
加尔各答
吉大港
曼德勒
云
南
西双版纳
缅
孟良府
老
内比都
清迈
暹
罗
万
琅勃
北回归线
图 例
古
今
京师　都城
北京　首都
襄阳府　主要城市及省驻地
太原　省级行政中心
明　瓦刺　政权、部族
洛阳　地级行政中心
河流
若羌　县级行政中心
政权部族界
国界
省界
河流
孟加拉湾

110°
120°
130°
140°
150°
50°
40°
30°
20°
10°
鄂霍次克海
奴
儿
干
苦兀
萨哈林岛
（库页岛）
尼古拉耶夫斯克
（庙街）
奴儿干
共青城
野人女真
漠河
黑河
哈巴罗夫斯克
（伯力）
海西女真
虾夷
北海道岛
涅尔琴斯克
（尼布楚）
呼伦贝尔
齐齐哈尔
都
司
佳木斯
乌兰巴托
乔巴山
哈尔滨
建州女真
长春
延边
符拉迪沃斯托克
（海参崴）
鞑
靼
瀚
海
达兰扎达嘎德
锡林郭勒
北
山
沈阳
辽东镇
辽阳
朝阳
朝
鲜
本州岛
东京
包头
呼和浩特
宣府镇
蓟州镇
京师
北京
平壤
日本海
宁夏镇
银川
榆林镇
榆林
大同镇
山西镇
太原府
太原
直
隶
真定府
石家庄
河间府
天津
渤海
渤
海
登州府
东
汉城
首尔
平安京
京都
武威
陕西镇
延安府
平阳府
山
西
济南府
济南
青州府
日本
四国岛
兰州
兰州
庆阳府
潞安府
大名府
兖州府
黄海
秦州
西安府
西安
汉中府
洛阳
洛阳
郑州
河
南
开封府
南
淮安府
东
九州岛
安府
保宁府
襄阳府
南阳府
汝宁府
凤阳府
庐州府
合肥
南京
扬州府
苏州
上海
南京
直
隶
东海
海
成都府
成都
荆州府
武昌府
武汉
黄州府
徽州府
杭州府
杭州
绍兴府
琉
叙州府
重庆府
重庆
湖
广
明
常德府
九江府
南昌府
南昌
温州府
浙
江
东海
球
群
太平洋
蒙府
铜仁府
长沙府
长沙
江
西
建宁府
福州府
福州
赤尾屿
钓鱼岛
贵阳府
贵阳
贵
州
永州府
永州
赣州府
赣州
福
建
台北
岛
阳府
百色
桂林府
柳州府
广
西
韶州府
泉州府
小
琉
球
南府
梧州府
南宁府
南宁
广
东
广州府
广州
潮州府
台湾岛
升龙
河内
越
黎
朝
琼州府
海口
澳门
香港
东沙群岛
海南岛
南
海
南
海
吕宋

南海诸岛（插图）:
南宁府
南宁
广州府
广州
潮州府
香港
澳门
小琉球
台湾岛
河内
海南岛
海口
琼州府
升龙
东沙群岛
西沙群岛
中沙群岛
黄岩岛
石星石塘
南
海
诸
岛
吕宋
马尼拉
越
老挝
暹罗
真腊
金边
占城
南沙群岛
曾母暗沙
文莱
加里曼丹岛
斯里巴湾加湾市
新加坡
300千米
南海诸岛

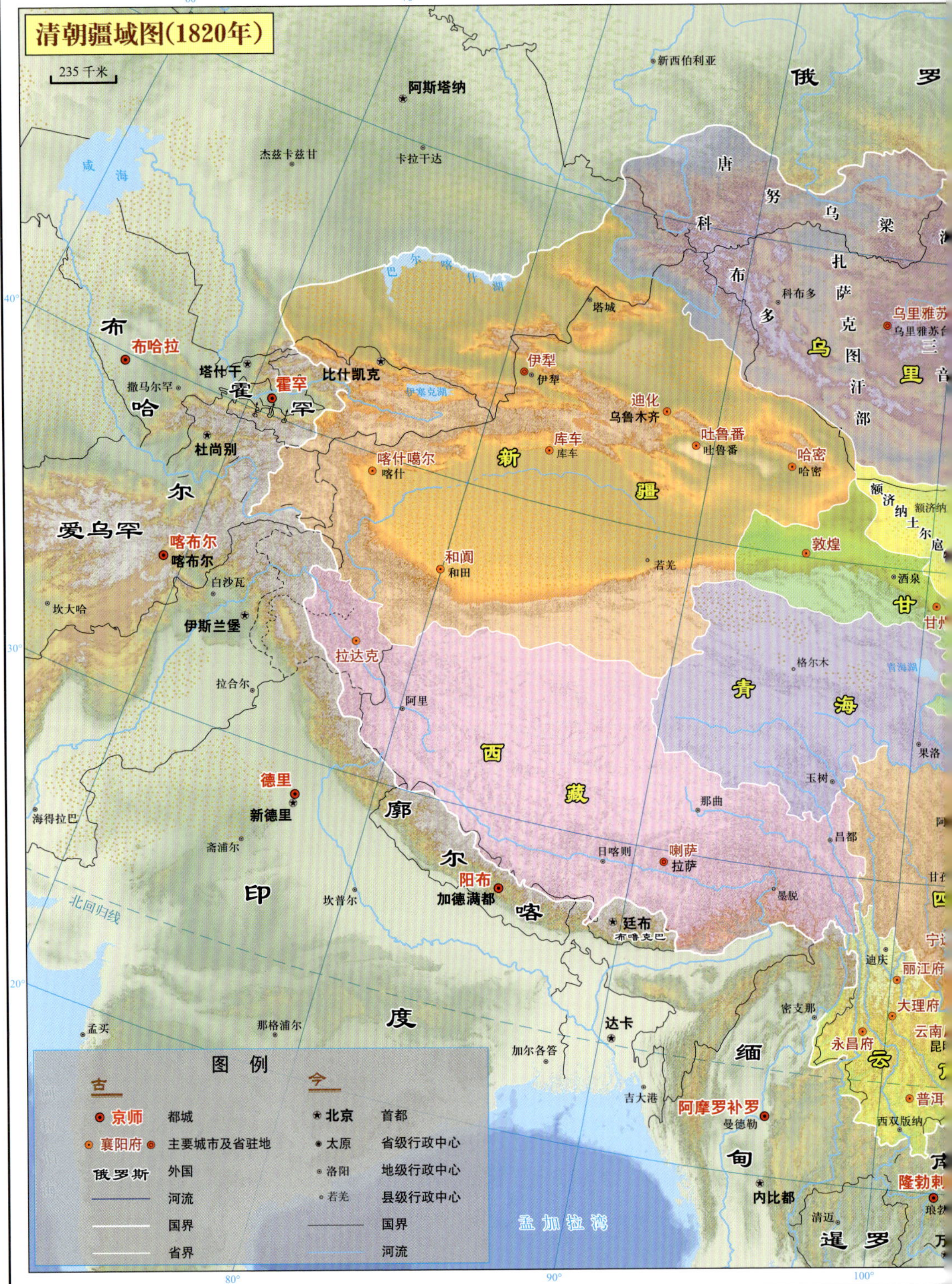

清朝疆域图（1820年）
235千米
阿斯塔纳
新西伯利亚
俄 罗
杰兹卡兹甘
卡拉干达
咸 海
唐
努
科
布
多
乌
梁
扎
萨
克
图
汗
部
乌
里
三
乌里雅苏
乌里雅苏台
巴尔喀什湖
塔城
布
布哈拉
伊犁
伊犁
迪化
乌鲁木齐
吐鲁番
吐鲁番
哈密
哈密
撒马尔罕
塔什干
霍罕
霍罕
比什凯克
伊塞克湖
哈
尔
杜尚别
喀什噶尔
喀什
新
疆
库车
库车
额
济
纳
额济纳
土
尔
扈
敦煌
酒泉
甘
爱乌罕
喀布尔
喀布尔
和阗
和田
若羌
甘州
白沙瓦
坎大哈
伊斯兰堡
拉达克
格尔木
青海湖
青
海
甘
果洛
拉合尔
阿里
西
玉树
海得拉巴
德里
新德里
廓
藏
那曲
昌都
宁
斋浦尔
尔
日喀则
喇萨
拉萨
迪庆
丽江府
印
阳布
加德满都
喀
墨脱
大理府
坎普尔
廷布
布嘎克巴
永昌府
云南府
昆
度
达卡
缅
云
孟买
那格浦尔
密支那
普洱
加尔各答
西双版纳
阿摩罗补罗
曼德勒
甸
北回归线
吉大港
隆勃剌
内比都
清迈
暹 罗
孟加拉湾
图 例
古
今
京师 都城
北京 首都
襄阳府 主要城市及省驻地
太原 省级行政中心
俄罗斯 外国
洛阳 地级行政中心
河流
若羌 县级行政中心
国界
国界
省界
河流

110° 120° 130° 140° 150°
50°
40°
30°
20°
斯
鄂霍次克海
尼古拉耶夫斯克（庙街）
萨哈林岛（库页岛）
共青城
黑龙江
漠河
涅尔琴斯克（尼布楚）
哈巴罗夫斯克（伯力）
虾夷
北海道岛
佳木斯
吉林
哈尔滨
长春
延边
符拉迪沃斯托克（海参崴）
日本海
本州岛
东京
库伦
乌兰巴托
乔巴山
呼伦贝尔
呼伦湖
齐齐哈尔
齐齐哈尔
车臣汗部
土谢图汗部
雅图苏汗部
达兰扎嘎德
勒盟
郭林
锡林郭勒
哲里木盟
昭乌达盟
盛京
沈阳
辽阳
朝鲜
平壤
京城
首尔
京都
京都
日本
四国岛
九州岛
乌兰察布盟
包头
古尔
哈达
察哈尔
归化
呼和浩特
归化城
土默特
张家口厅
承德府
卓索图盟
锦州府
拉善厄鲁特旗
伊克昭盟
宁夏府
银川
直隶
京师
北京
天津府
天津
渤海
登州府
盛京
黄海
东海
大同府
保定府
正定府
石家庄
河间府
太原府
太原
山西
潞安府
大名府
济南府
济南
青州府
山东
兖州府
沂州府
武威
榆林府
延安府
陕西
兰州府
兰州
庆阳府
平阳府
洛阳
洛阳
郑州
开封府
河南
巩昌府
西安府
西安
汉中府
徐州府
江苏
东大洋
保宁府
南阳府
安
凤阳府
成都府
成都
夔州府
荆州府
庐州府
合肥
江宁府
南京
上海
上海
琉球群岛
叙州府
重庆府
重庆
湖北
武昌府
武汉
安庆府
徽
杭州府
杭州
浙江
东海
南大洋
太平洋
通府
常德府
湖南
长沙府
长沙
怀化
九江府
南昌府
南昌
江西
安庆府
衢州府
温州府
贵阳府
贵阳
贵州
遵义
永州府
福建
延平府
福州府
福州
赤尾屿
钓鱼岛
琉球群岛
柳州府
梧州府
广西
韶州府
赣州府
潮州府
泉州府
台北
台湾府
台南
台湾岛
百色
南宁府
南宁
广东
广州府
广州
澳门
香港
东沙群岛
越南
河内
河内
琼州府
海口
海南岛
南海
吕宋
新加坡
南海诸岛
富春
广州府
广州
潮州府
香港
澳门
台湾府
台湾岛
琼州府
海口
海南岛
西沙群岛
中沙群岛
黄岩岛
东沙群岛
吕宋
马尼剌
马尼拉
南海
南沙群岛
斯里巴加湾市
曾母暗沙
加里曼丹岛
300千米

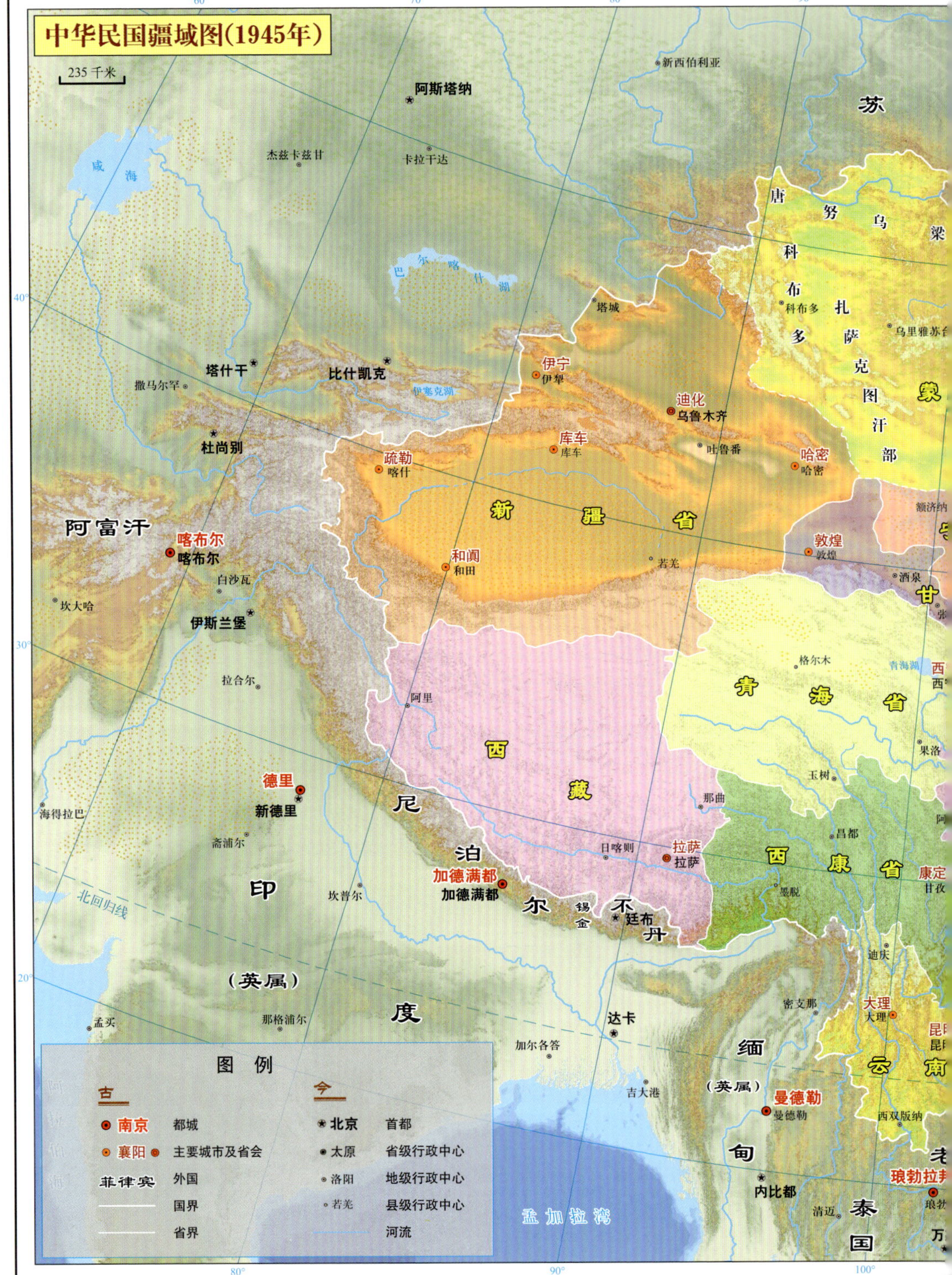
中华民国疆域图(1945年)
235千米
新西伯利亚
苏
阿斯塔纳
唐
努
乌
梁
杰兹卡兹甘
卡拉干达
科
布
多
扎
萨
克
图
汗
部
象
塔城
咸海
巴尔喀什湖
科布多
乌里雅苏台
额济纳
甘
塔什干
比什凯克
伊宁
伊犁
迪化
乌鲁木齐
敦煌
敦煌
酒泉
张
撒马尔罕
伊塞克湖
库车
库车
吐鲁番
哈密
哈密
杜尚别
疏勒
喀什
新
疆
省
阿富汗
和阗
和田
若羌
青
海
省
西
喀布尔
喀布尔
白沙瓦
坎大哈
格尔木
青海湖
果洛
伊斯兰堡
玉树
阿
拉合尔
阿里
西
藏
那曲
昌都
西
康
省
康定
甘孜
德里
新德里
斋浦尔
海得拉巴
尼
泊
日喀则
拉萨
拉萨
墨脱
印
坎普尔
加德满都
加德满都
尔
锡金
不
廷布
丹
迪庆
北回归线
(英属)
度
密支那
大理
大理
昆
昆
孟买
那格浦尔
达卡
缅
云
南
加尔各答
(英属)
曼德勒
曼德勒
西双版纳
老
吉大港
甸
琅勃拉邦
内比都
琅
清迈
泰
国
孟加拉湾
万
图 例
古
今
南京 都城
北京 首都
襄阳 主要城市及省会
太原 省级行政中心
菲律宾 外国
洛阳 地级行政中心
国界
若羌 县级行政中心
省界
河流

110° 120° 130° 140° 150°
50°
40°
30°
20°
联
鄂霍次克海
萨哈林岛
（库页岛）
尼古拉耶夫斯克
（庙街）
共青城
哈巴罗夫斯克
（伯力）
北海道岛
东库次克
涅尔琴斯克
（尼布楚）
黑
龙
江
省
兴安省
海拉尔
呼伦贝尔
北安
合江省
佳木斯
齐齐哈尔
嫩江省
松江省
哈尔滨
哈尔滨
牡丹江省
符拉迪沃斯托克
（海参崴）
库伦
乌兰巴托
乔巴山
辽北省
吉林省
辽源
吉林
长春
兴凯湖
安东省
通化
延边
土
谢
图
汗
部
车
臣
汗
部
哈
尔
省
热
河
省
察
锡林郭勒
朝阳
沈阳
沈阳
辽宁省
日本海
本
东京
东京
古
汗
部
达兰扎达嘎德
张家口
承德
北平
河
北
省
天津
天津
朝
鲜
平壤
汉城
首尔
本州岛
京都
绥
远
省
归绥
呼和浩特
大同
保定
正定
河间
渤
海
大连
蓬莱
日
四国岛
银川
银川
榆林
榆林
山
西
省
太原
太原
长治
安邑
石家庄
安阳
济南
济南
临淄
山
东
省
青岛
九州岛
陕
西
省
固原
兰州
兰州
天水
西安
西安
南郑
洛阳
洛阳
郑州
开封
河
南
省
南阳
寿县
汝南
曲阜
徐州
东海
淮阴
黄
海
江
苏
省
安
徽
省
合肥
合肥
南京
南京
镇江
吴县
上海
上海
黄海
广元
阆中
奉节
成都
成都
重庆
重庆
宜宾
四
川
省
湖
北
省
襄阳
江陵
武汉
汉口
武昌
怀宁
歙县
杭州
杭州
浙
江
省
温州
东海
琉
球
群
岛
太平洋
贵阳
贵阳
长沙
长沙
怀化
湖
南
省
九江
南昌
南昌
江
西
省
赤尾屿
钓鱼岛
福
建
省
福州
福州
贵
州
省
桂林
桂林
曲江
韶关
赣县
赣州
潮安
潮安
台北
台北
晋江
台
湾
省
台湾岛
百色
广
西
省
梧州
梧州
广州
广州
东
澳门
香港
东沙群岛
南宁
南宁
越
南
河内
河内
海口
海口
海南岛
南
海
菲律宾
新加坡
斯里巴加湾市
（英属）
曾母暗沙
加里曼丹岛
南海诸岛
广州湾
南宁市
广东省
广州
潮安
澳门
香港
河内
海口
东沙群岛
西沙群岛
中沙群岛
黄岩岛
越
老挝
泰国
柬埔寨
金边
南
海
南沙群岛
菲
律
宾
马尼拉
马尼拉
文
300 千米

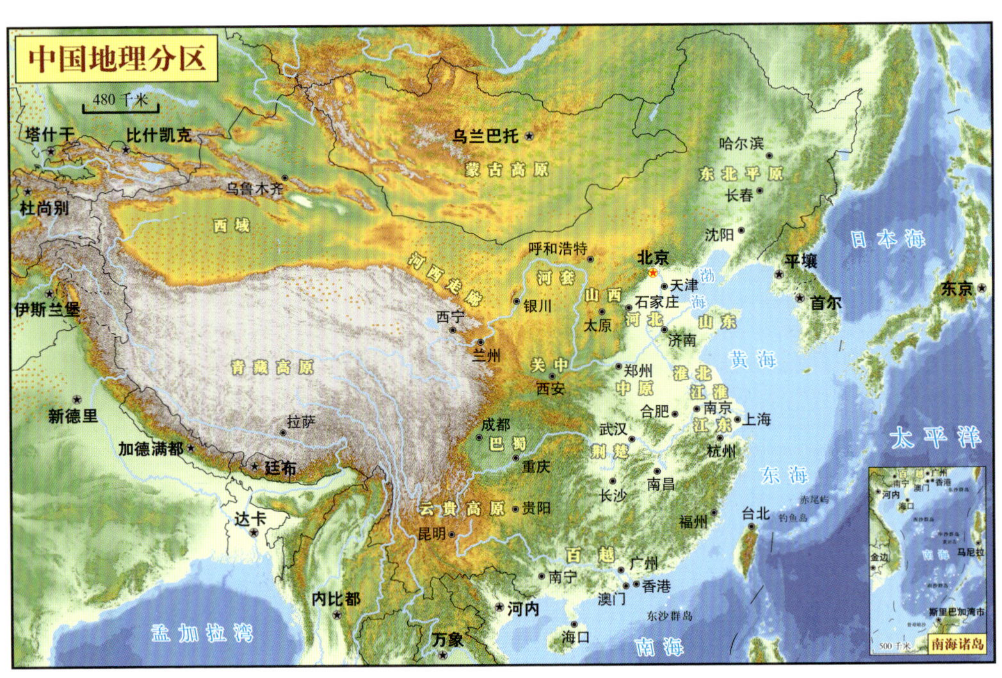

中国地理分区
480 千米
塔什干
比什凯克
乌兰巴托
蒙古高原
哈尔滨
东北平原
长春
杜尚别
乌鲁木齐
沈阳
日本海
西域
平壤
伊斯兰堡
呼和浩特
北京
天津
东京
河套
渤海
河西走廊
山西
石家庄
山东
首尔
银川
河北
西宁
太原
济南
黄海
兰州
青藏高原
关中
郑州
淮北
新德里
西安
中原
江淮
拉萨
合肥
南京
江东
上海
成都
武汉
巴蜀
荆楚
杭州
加德满都
重庆
南昌
东海
廷布
长沙
太平洋
达卡
云贵高原
贵阳
福州
台北
钓鱼岛
内比都
昆明
百
越
广州
赤尾屿
南宁
香港
河内
澳门
东沙群岛
万象
海口
南海
孟加拉湾
广州
澳门
香港
南宁
东沙群岛
河内
海口
中沙群岛
马尼拉
金边
斯里巴加湾市
500 千米
南海诸岛

本手册中地图摘自《地图上的中国史》（上、下）

仅作为赠品，不单独销售。

审图号：GS（2024）1543号

中国历代疆域图

白孚不著

图　例

古

◉ **王城**	京城
◉ 新郑	主要城市
◉ 鄢陵	普通城市
● 践土	重要地名
● 虎牢	关隘
● 风陵渡	渡口
济　水	河流

今

✳ **北京**	首都
◉ 郑州	省级行政中心
⊙ 洛阳	地级行政中心
○ 新郑	县级行政中心
————	国界
— — — —	未定国界
洛　河	河流